농민운동과 미국 정치

-19세기말 민중주의운동을 중심으로-

농민운동과 미국 정치

-19세기말 민중주의운동을 중심으로-

연 동 원 著

한국학술정보㈜

책머리에

남북전쟁 이후 1900년대에 이르기까지 미국은 전통적 농업사회에서 산업화·도시화의 근대국가로의 이행을 경험하였다. 미국은 불과 35년 만의 짧은 기간동안 세계의 가장 큰 경제 대국의 하나로 부상했으며, 인구도 거의 세 배로 증가하였다. 산업화와 함께 혁신적인 생산과 경영 방식이 도입되었으며, 그 한 예로 대기업의 등장을 들 수 있다. 따라서 전국적으로 대규모 시장이 창출되고 어느 지역에서건 산업화의 영향을 벗어날 수가 없었다. 농업 분야도 철도노선의 전국화에 따른 수송수단의 편리함과 기계화를 통한 농경방식의 혁신을 가져왔다.

그러나 19세기 말의 괄목할 만한 경제성장의 이면에는 어두운 그늘도 존재하였다. 즉 급격한 산업화의 부작용이라 할 수 있는 빈부격차의 심화와 그에 따른 경제적 불안정과 사회혼란이 뒤따랐다. 특히 그러한 불안감은 산업화가 뒤쳐진 농촌 지역이 심할 수밖에 없었다. 농민들은 새로운 산업질서가 미국의 전통적 가치관을 파괴할 것이라고 두려워했으며, 이러한 불안심리는 당시 상황으로는 당연한 것이었다. 철도회사를 비롯한 대기업과 독점회사들이 농민과 노동자의 경제적 독립성을 이전보다 훨씬 약화시키고, 정치인이나 법조인들을 매수하는 등, 민주정치를 부패시켰기 때문이다.

그리하여 농민들은 나름대로의 대응책이 필요하였으며, 이러한 방식 중에서 가장 적극적인 성격을 나타낸 것이 바로 농민운동이었다. 산업화과정인 19세기 후반 동안에 일어났던 농민운동들 중에서 대표적인 것들을 꼽는다면 1867년에 일어난 그렌져운동(Granger Movement)을 시작으로 해서, 1870년대의 그린백운동(Greenback Movement)과 1880년대의 농민동맹(Farmers' Alliance) 그리고 1890년대의 민중주의운동(Populist Movement)을 들 수 있다.

그중에서도 가장 대표적인 농민운동은 민중주의운동이었다. 왜냐하면 미국 역사상 이만큼 적극적이며 규모가 크고 개혁 이념을 지닌 농민운동이 없기 때문이다. 더욱이 농민의 이익만을 대변하는 기존의 순수한 농민운동 단체의 성격에서 머무르지 않고 정치 일선에 나섰다. 기존의 공화·민주 양당에 기대지 않고 스스로 정치를 개혁하고 농민의 이익을 지키자는 것이다. 그리고 이러한 취지에서 바로 농민의 이익을 대변해주는 정치인과 개혁가들을 포함한 거대 개혁 신당인 민중당(People's Party)이 결성되었다. 흥미로운 점은 민중당이 미국 정당정치사상 가장 큰 제3당이자 정치 발전에 큰 기여를 했다는 사실이다.

필자는 민중주의운동이 지닌 이러한 역사적 중요성을 인식하고, 이 운동을 통하여 19세기 후반의 미국 농촌사회 구조와 변화를 연구코자 했다. 필요한 자료 수집은 미국 국회도서관 등 관련 서적이 있는 곳은 거의 다녀왔으며, 그 결과는 성취감보다는 내 능력의 한계만 입증한 꼴이 되었다. '민중주의'에 관한 자료가 너무도 방대하고 관련 학문이 많다는 데 새삼 놀랐던 것이다. 역사학을 비롯하여, 정치학, 사회학, 철학 심지어는 문학에서까지 '민중주의'를 다루고 있으며, 그중에서도 정치학 분야에서는 역사학을 훨씬 능가할 정도로 많은 연구논문이 있었다. 그리하여 자료 수집보다 연구목적에 필요한 분류 작업에 더 많은 시간과 노력이 소요되었다.

이 저서는 미국 역사상 농민운동이 가장 활발하게 일어났던 1890
년대의 평원지대(Plains States)를 골격으로 삼고 있다. 여기에는 농
민의 이익을 대변하는 순수한 농민운동 차원에서 '민중당'이라는 신
당이 결성되어 돌풍을 일으키고 종국에는 실패하는 과정을 담고 있
다. 특히 어느 지역보다 평원지대에서 이 운동이 활발하게 일어난
경제·정치적 제 요인과 함께 이전의 농민운동과의 관련성도 살펴
보았다. 또한 민중당이 그 자신의 세력만으로 한계를 느끼고 다른
정당과의 연합 추진 과정에서 야기된 연합주의자 대 反연합주의자
간의 상반된 입장을 분석 평가했다. 이유인즉 이러한 양자 간의 비
교 분석을 통해서 민중주의운동의 성격을 규명할 수 있을 뿐만 아
니라, 민중당이 지닌 정치적 한계성을 살펴 볼 수 있기 때문이다.

참고로 박사학위논문에는 Populism·Populist Movement·Peoples'
Party를 각기 인민주의·인민주의운동·인민당이라는 용어로 표기하
였다. 그러나 이후 한국미국사학회에서 학술용어 표기에 대한 장기간
에 걸친 회의 과정을 통해 각각 민중주의·민중주의운동·민중당으로
결정하였다. 따라서 필자는 이 학회의 의사를 존중하여 본 저서의 용
어는 물론이고 참고문헌에 삽입된 이전에 집필한 연구논문의 제목도
수정하여 표기하였다. 하지만 '인민'이라는 용어 선택이 결코 잘못된
표현이 아니라는 점도 확실히 밝혀둔다.

졸고를 출간하고 싶다는 한국학술정보 출판사로부터 연락을 받고
기뻤다. 대중이 쉽게 관심이 가지 않은 부분이기에 더욱 그러했다. 더
욱이 이미 계약된 원고 집필 때문에 오랜 시간을 기다려 준 귀 출판
사께 특별히 감사를 전하고 싶다. 한편 글을 편집 수정하는 과정에서,

이 저서의 내용이 비단 미국의 역사만이 아닌 현재 한국에서 벌어진 상황과 흡사하다는 생각이 들었다. 바로 농민들의 잇따른 시위사태와 함께 제3당이라 할 수 있는 민노당을 두고 한 말이다. 역사는 흔히 승자에 의해 쓰여진다고 한다. 왠지 그 말이 자꾸만 마음을 불편하게 만드는 듯하다.

2006년 5월
문정동 서재에서

목 차

표 목차

I. 연구범위와 방법론

　민중주의운동에 관한 연구는 이 운동이 활발히 전개되었던 1890
년대 초부터 시작되었다. 당시 저서와 논문의 저자는 대개 이 운동
과 직·간접적으로 관련이 있었다. 따라서 이들의 견해는 다소 객관
성을 상실한 주관적인 입장이 주류를 이루었다.

　이후 프리드릭 잭슨 터너(Frederick Jackson Turner)를 비롯한
혁신주의 역사가들로부터 본격적인 연구가 시작되었다. 터너는 민중
주의운동 그 자체보다는, 이 운동이 일어난 배경에 초점을 맞추었다.
그는 미국의 국민적 특성의 하나인 민주주의가 광활한 프론티어에
서 유래되었다고 보았다. 또한 미국인들은 서부로의 계속적인 전진
을 통하여 새로운 기회를 얻고 사회·경제적 상향 이동성을 성취하
였다. 따라서 그의 이론은 미국 역사의 본질과 중심을 '동부가 아닌
서부'·'도시보다는 농촌'에 두고 있으며, 민중주의운동이 일어난 원
인을 이러한 맥락에서 찾았다.

　1930년대 초, 존 D. 힉스(John D. Hicks)에 의하여 민중주의운동은
더욱 체계적이고 구체적으로 연구되었다. 사실 그의 이론은 민중주의
에 관한 선행 연구사를 살펴볼 때 가장 대표적인 것으로 꼽을 수 있
다. 힉스는 민중주의운동의 배경과 성격 그리고 전개 과정을 주로 농
민들의 경제적 불만에 초점을 맞추어 연구하였다. 그는 이러한 농민
들의 경제적 고통의 원인을 농민 자신의 문제점에서 비롯된 것이 아
니라, 철도회사를 비롯한 대기업·제조업자·고리대금업자 등 외부

세력의 착취에서 기인한 것으로 보았다. 그리고 이러한 상황에서 나온 민중주의운동은 단지 농민뿐만 아니라 노동자와 그 밖의 모든 가난한 사람들의 이익과 권리를 보호해 주려 했던 개혁운동이었다.

이 운동은 경제적인 면뿐만 아니라 정치적으로도 큰 의의를 지니고 있는데, 이는 정치와 관련된 민중주의원칙(오마하강령)의 여러 항목들이 정책에 반영되었기 때문이다. 따라서 그는 민중주의운동이 미국 민주주의의 발전에 큰 기여를 하였으며, 민중당이라는 정당을 통해서 20세기 초 몇 년간의 정치적 발전에 공헌했다고 보았다. 결국 힉스는 민중주의운동을 농민 저항에 의한 오랜 역사적 집적(集積)으로 보았으며, 이 운동을 진보적 측면에서 높이 평가하였다.[1]

그러나 1950년대에 들어와 리차드 홉스태터(Richard Hofstadter)를 비롯한 수정주의사가들은 힉스와 혁신주의사가들의 관점에 대하여 비판하였다. 특히 힉스의 논리에 비판한 홉스태터는 민중주의운동의 배경을 농민들이 새로운 산업사회에서 잘 적응하지 못한 데에서 찾고 있다. 즉 농민들이 경제적인 고통을 받게 된 원인은 순전히 자신에게 그 책임이 있으며, 이는 19세기 말의 변화된 산업사회의 경제적 실체를 이해하지 못했기 때문이라는 것이다.

홉스태터는 민중주의자들이 변화된 사회에 적응하기보다는 산업화 이전의 농업사회를 동경했으며, 전통적인 '농업신화'에 사로잡혀 있다

---

1) John D. Hicks, *The Populist Revolt: A History of the Farmers' Alliance and the People's Party*(Univ. Pr. of Minnesota, 1931), 404-6, 423; 안윤모, "미국 민중주의운동의 이념에 대한 일고찰-1892년의 오마하강령에 대한 분석을 중심으로", 『민석홍박사회갑기념 사학논총』(서울: 삼영사, 1985), 232-37.

고 보았다. 그는 이러한 신화에 집착하는 사고방식이 과거지향적이기 때문에, 민중주의운동을 결코 진보적이 아닌 퇴보적 혹은 보수적인 성격으로 규정하였다. 끝으로 산업사회 안에서 민중주의운동이 진정으로 진보적·개혁적인 방향으로 나아가기 위해서는 산업자본가와 같은 사고방식을 갖고서 상업적 농업을 추진했어야 한다고 강조했다.2)

  1960년대는 1950년대와 유사한 경향 하에서 민중주의운동을 보수적 성격으로 규정한 역사가와 진보적인 운동으로 재평가한 역사가로 양분되었다. 한 예로, 일부 역사가는 민중주의자를 '사라진 가치를 회고적으로 지지하는 사람'으로 간주했으며, 민중주의운동의 지역 범위를 단지 프론티어의 밀 생산지대로 국한지었다. 즉 이들 역사가는 다코타·캔사스·네브라스카의 밀 생산 지역에 살고 있는 민중주의자들이 산업화로 인한 새로운 변화에 불안해하고 있었다고 주장하였다. 이들의 견해는 다소간의 차이는 있으나, 민중주의운동을 부정적으로 평가했다는 데에 공통점이 있다. 그리고 대다수 농민은 산업화를 반대한 것이 아니라 오히려 지지했으며, 이러한 점에서 민중주의운동은 시대역행적이라고 규정하였다.3)

---

2) Richard Hofstadter, *The Age of Reform: From Bryan to F.D.R.* (N.Y.: Vintage Books, 1955), 99-100.
3) 제프리 오슬러(Jeffrey Ostler)는 평원지대의 민중주의를 중점적으로 연구한 1990년대의 역사가로서, 민중주의에 관한 선행 硏究史와 역사가들의 제 견해를 분석하였다. 그는 민중주의운동을 대체로 부정적으로 평가한 1960년대의 역사가들로 다음과 같은 사람들을 거론하였다. Robert H. Wiebe, *The Search for Order, 1877-1920*(N.Y.: Hill and Wang, 1967), 85; Michael P. Rogin, *The Intellectuals and McCarthy: The Radical Specter*(Cambridge: Univ. Pr. of M.I.T., 1967), 188-89; Allan G. Bogue, *From Prairie to Corn Belt: Farming on the Illinois*

그러나 진보적 성향의 역사가들은 홉스태터를 반박하면서, 민중주의운동의 성격이 결코 보수적 혹은 시대역행적이 아니라고 하였다. 특히 노만 폴락(Norman Pollack)은 홉스태터의 견해를 조목조목 비판하면서, 이 운동의 성격이 진보적이라고 강조하였다.[4]

이러한 폴락의 입장은 이후 1970년대의 로렌스 굿윈(Lawrence Goodwyn)에 의하여 보강되었다. 굿윈은 많은 농민들이 실제로 '잠재적 민중주의자'라는 전제하에서 논리를 전개하였다. 그는 민중주

---

and Iowa Prairies in the Nineteenth Century(Univ. Pr. of Chicago, 1963), 283-85; James Turner, "Understanding the Populists", Journal of American History 67(Sep., 1980), 354-73.

오슬러는 이 운동을 긍정적으로 평가하였으며, 결코 시대역행적이라고 보지 않았다. 더불어 19세기 후반, 농민들이 경제적 고통을 받고 있었다고 주장한 점도 이들 역사가와는 다른 입장을 보이고 있다. 그러나 그가 민중주의운동이 일어난 주 원인을 경제적인 면 이상으로 정치적인 면에 중점을 둔 것에서는 앞서 언급한 역사가들과 공통적 관점이다. 또한 오슬러가 이 운동을 전국적인 것이 아닌 평원지대에 국한된 특정 지역 운동으로 평가한 점도 이들 역사가와 일치된 입장이다. Jeffrey Ostler, Prairie Populism: The Fate of Agrarian in Radicalism in Kansas, Nebraska, and Iowa, 1880-1892(Univ. Pr. of Kansas, 1993), 4.

4) Norman Pollack, "Hofstadter on Populism: A Critique of The Age of Reform" Journal of Southern History 26(Nov., 1960), 478-79.

폴락과 함께 Walter T. K. Nugent와 Herbert Shapiro도 홉스태터의 견해를 반박하는 입장을 보이고 있다. Walter T. K. Nugent, The Tolerant Populists: Kansas Populism and Nativism(Chicago, 1963), 95, 231; Herbert Shapiro, "Pollack on Populism" American Journal of Economics and Sociology 27 n.3(1968); 안윤모, "미국 민중주의운동의 성격 -1890년대의 산업주의에 대한 농민의 반응을 중심으로-", 『미국사연구서설』(서울: 일조각, 1984), 246-48.

의운동을 미국사회의 구조적인 제 문제를 시정하기 위한 민주적 개혁운동으로 보았다. 특히 1896년 선거에서 민중당이 패배함으로써 민중주의가 결코 승리하지 못했음에도 불구하고, 20세기에 들어와서 민중당이 추구했던 오마하강령의 여러 항목이 정책에 반영된 것에 주목하였다. 즉 이 운동은 과거완료형이 아니라 현재진행형이라는 의미라고나 할까. 따라서 민중주의운동의 성격은 결코 보수적이 아닌 진보적인 것으로 간주해야 한다고 力說하였다.[5]

굿윈은 이 운동이 단지 농민의 경제적 곤란으로 야기된 산물만은 아니라고 지적하였다. 이전의 역사가들이 주로 농민의 경제적인 면에 초점을 맞춘 것과는 달리, 그는 민중주의운동의 전개과정·각 州의 민중당 지부 구성·지역 간 민중당원들의 결집력 등과 같은 정치적인 면을 강조하였다.[6] 즉 굿윈은 민중주의운동이 일어난 원인으로 경제적인 면 이상으로 정치적인 면에 초점을 맞추었던 것이다.

이후 1970년-80년대의 민중주의에 관한 대부분의 연구는 지역사적 연구에 집중하여, 어떤 단일 州 혹은 특정 지역에 초점을 맞추었다.[7] 그리고 민중주의운동의 세력 범위 내에서 非민중주의자와 민중

---

5) 로렌스 굿윈과 마찬가지로, 1980년대 중반 이후 나온 여러 논문에서도 홉스태터의 견해를 비판하는 입장을 보이고 있다. Lawrence Goodwyn, *Democratic Promise: The Populist Moment in America*(N.Y.: Oxford Univ. Pr., 1976), xi, 541-42; Alan Brinkley, "Richard Hofstadter's The Age of Reform: A Reconsideration" *Reviews In American History*, 13(sep., 1985); Robert M. Collins, "The Originality Trap: Richard Hofstadter on Populism" *Journal of American History* 76(1989); 안윤모, "미국 민중주의운동의 성격", 249-50.
6) Lawrence Goodwyn, *Democratic Promise*, 314.
7) 1970년대 이전에도 특정 지역이나 州를 중심으로 민중주의운동을 연구

주의자를 분리하거나 혹은 이 운동이 활발히 전개된 지역과 그렇지 못한 지역 간의 차이점을 비교 분석하는 연구성과물들이 많이 나왔다. 이 밖에도 이 운동이 활발히 전개된 지역들의 민중당 전개과정·농민의 이해관계·지리적 특성 등의 차이점을 究明하기도 했다. 예를 들어, 캔사스·네브라스카·텍사스·오클라호마 등 특정 州로 연구를 국한시키거나 아니면 남부·서부·평원지대 등으로 구분하였다.[8]

　　한 논문들이 출간되었다. 그러나 이들 대부분의 논문들은 일반적으로 민중주의운동의 성격을 규명하거나 개설서적 접근이 주류를 이루고 있다.
8) 제프리 오슬러는 1970년~80년대 평원지대와 중서부 지역사 연구의 대표자로서 Peter H. Argersinger·James E. Wright·Stanley B. Parsons·Robert W. Cherney·David S. Trask·Worth R. Miller·Scott G. McNall·O. Gene Clanton을 들고 있다. 그리고 가장 주요한 저서들로 다음과 같이 지적하고 있다. Jeffrey Ostler, Prairie Populism, 189; Peter H. Argersinger, *Populism and Politics: William Alfred Peffer and the People's Party*(Univ. Pr. of Kentucky, 1974); James E. Wright, *The Politics of Populism: Dissent in Colorado*(Conn.: Yale Univ Pr., 1974); Stanley B. Parsons, *The Populist Context: Rural Versus Urban Power on a Great Plains Frontier*(Westport: Greenwood Pr., 1973); Robert W. Cherney, *Populism, Progressivism, and the Transformation of Nebraska Politics, 1885-1915*(Univ. of Nebraska Pr., 1981); David S. Trask, "Nebraska Populism and a Response to Environmental and Political Problems," in *The Great Plains: Environment and Culture*, ed. Brian W. Blouet and Frederick C. Luebke(Univ. of Nebraska Pr., 1979); Worth R. Miller, *Oklahoma Populism: A History of the People's Party in the Oklahoma Territory*(Univ. of Oklahoma Pr., 1987); Scott G. McNall, *The Road to Rebellion: Class Formation and Kansas Populism, 1865-1900*(Univ. of Chicago Pr., 1988). 전술한 것과 함께 William F. Holmes는 Robert C. McMath·Roy B. Scott·Robert W. Larson도 이 지역사에 관한 대표적 학자들에 포함시키고 있다. William F. Holmes, "Populism: In Search of Context"

이 밖에도 민중주의를 反유태주의(anti-semitism)[9] · 자본주의[10] ·
공화주의 · 파시즘 그리고 민주주의[11]와 관련하여 살펴보는 연구도 있

Agricultural History 64 n.4(Fall, 1990), 29-31.

9) 특히 William F. Holmes는 기존의 연구경향을 논하면서, 민중주의의
성격을 反유태주의와 같은 위험한 운동으로 간주한 학자들(Richard 홉
스태터 · Victor Ferkiss · Peter Viereck · Daniel Bell · Seymour Lipset ·
Oscar Handlin)과 건설적인 개혁운동으로 본 학자들(C. Vann
Woodward · Norman Pollack · Walter T. K. Nugent · Michael P.
Rogin)을 나름대로 분류하였다. William F. Holmes, "Populism: In
Search of Context", 26-28.

10) 민중주의와 자본주의의 관계에 대한 역사가들의 제 견해 중, 노만 폴락
은 민중주의를 초기 자본주의 유형인 자유방임주의로부터 20세기의 산
업자본주의(corporative capitalism)로 변화하는 과도기의 형태로 간주
하였다. Bruce Palmer는 농민들이 산업화를 현실적으로 받아들이고 있
으나, 이로 야기되는 사회 · 경제적 해악은 강력히 반대했다고 보았다.
따라서 민중주의운동은 산업자본주의를 개혁하기 위한 시도라고
Palmer는 주장하였다. Holmes도 농민들이 산업자본주의를 반대한 것이
아니라, 기존 체제 내에서 가능한 한 자신의 이익을 확보하기 위하여
노력했다고 보았다. 반면 Steven Hahn은 민중주의를 소생산자들의 反
자본주의적 운동 혹은 '反자본주의적 공화주의'로 표현하였다. William
F. Holmes, "Populism: In Search of Context", 40-42; Norman
Pollack, *The Just Polity: Populism, Law, and Human Welfare*(Univ.
of Illinois Pr., 1987), 3-16; Bruce Palmer, *Man over Money: The
Southern Populist Critique of American Capitalism*(Univ. of North
Carolina Pr., 1980), xiii-xviii, 1-8, 39-49, 199-211; Steven Hahn, *The
Roots of Southern Populism: Yeoman Farmers and the Transfor-
mation of the Georgia Upcountry, 1850-1890*(N.Y.: Oxford Univ. Pr.,
1983), 182-89.

11) 로렌스 굿윈은 민중주의를 진정한 민주주의 운동이라고 評하였으며,
폴락도 민중주의가 미국의 민주주의 역사에 있어서 주요한 위치를 차
지한다고 강조하였다. 이와 반면, Sheldon Hackney · Roger L. Hart ·

다. 민중주의운동에서 나타난 여성운동가들에게 초점을 맞추는 연구논문도 있다.[12] 더불어 민중주의운동과 흑인 혹은 노동단체와의 관계를 다루거나[13], 다른 나라의 농민운동과 비교하는 경향도 있다.[14] 사회

Barton Shaw · Stanley B. Parsons는 민중주의운동을 민주주의의 본질을 곡해한 농민의 집단적 이익 추구 형태로써, 아주 비판적으로 해석하고 있다. Lawrence Goodwyn, *The Populist Moment: A Short History of the Agrarian Revolt in America*(N.Y.: Oxford Univ. Pr., 1978) xxiii, 515-55; Norman Pollack, *The Just Polity*, 345; Sheldon Hackney, *Populism to Progressivism*, 48-76; Roger L. Hart, *Redeemers, Bourbons, & Populists: Tennessee, 1870-1986*(Louisiana St. Univ. Pr., 1975), 200-23; Barton Shaw, *Wool-Hat Boys: Georgia's Populist Party*(Louisiana St. Univ. Pr., 1984), 134-39; Stanley B. Parsons, *Populist Context*, 145-48.

12) 1970년대부터 최근까지 민중주의운동에 있어서의 여성 역할에 관한 연구로는 Julie R. Jeffrey · Mary J. Wagner · Marilyn D. Brady의 연구논문이 대표적이다. Jeffrey는 노쓰캐롤라이나 남부 농민동맹에 참여한 여성들의 활동에 초점을 맞추었으며, Wagner와 Brady는 남부보다 평원지대에서 여성들이 더욱 적극적으로 활동했다는 것을 강조하였다. Wagner는 Mary E. Lease · Annie L. Diggs 등 여성 민중주의자의 활동을 언급하면서, 여성들의 참정권 운동은 비록 실패했어도 민중주의운동을 폭 넓은 개혁운동의 차원으로 승화시켰다고 보았다. Julie R. Jeffrey, "Women in the Southern Farmers' Alliance: A Reconsideration of the Role and Status of Women in the late Nineteenth-Century South", *Feminist Studies* 3(Fall, 1975); Mary J. Wagner, "Farms, Families, and Reform: Women in the Farmers' Alliance and Populist Party"(Ph.D. dissertation, Univ. of Oregon, 1986); Marilyn D. Brady, "Populism and Feminism in a Newspaper by and for Women of the Kansas Alliance, 1891-1894", *Kansas History* 7(Wint., 1984-1985) 참조.

13) 민중주의운동에 있어서의 흑인 역할에 대해서는 긍정적 대 부정적 혹은 능동적 대 수동적이라는 대조적인 평가로 양분되고 있다. 이러한 상반된 평가가 나오게 된 배경은 지역 간의 특성에서 비롯되었다. 즉

평원지대와 초원지대(Prairie Plains)에서는 흑인들이 이 운동에 비교적 적극 참여했던 데 반하여 남부에서는 민중주의자들에게마저 인종차별을 상당히 받았기 때문이다. C. Vann Woodward는 민중주의자들이 흑인 인권을 옹호했으며, 흑인 또한 민중주의자의 참여 제안에 따랐다고 했다. 그러나 민주당원의 폭력으로 인하여, 흑인의 민중주의운동 참여가 소극적이 될 수밖에 없었다는 논리를 피력했다.

이에 반하여 William F. Holmes와 William H. Chafe는 흑인들이 결코 수동적이지 않았다고 보았다. 이는 흑인들이 1890-92년 동안 민중당에 많은 표를 몰아주었음에도 불구하고 그에 합당한 인권 처우 개선이 뒤따르지 않자, 공화당으로 돌아섰다는 점을 예로 들었다. 이러한 상황은 남부에도 그대로 적용되었으며, Sheldon Hackney는 바로 이러한 점을 알라바마의 예로 지적하였다.

한편으로 Barton Shaw · Floyd J. Miller · Robert C. McMath, Jr.는 민중주의자도 민주당원과 마찬가지로 민주당을 지지하는 흑인들에게 린치를 가하는 경우가 종종 있었다고 주장하였다. 이는 흑인에 대한 인종차별적인 시각이 정당을 불문한다는 것을 의미한다고 하겠다. C. Vann Woodward, *Origins of the New South, 1877-1913*(Louisiana St. Univ. Pr., 1951), 235-63; William F. Holmes, "The Demise of the Colored Farmers' Alliance", *Journal of Southern History* 41(May, 1975), 187-200; William H. Chafe, "The Negro and Populism: A Kansas Case Study", *Journal of Southern History* 34(Aug., 1968), 402-19; Sheldon Hackney, *Populism to Progressivism in Alabama* (Princeton Univ. Pr., 1969), 34-35; Barton Shaw, *Wool-Hat Boys*, 78-90; Floyd J. Miller, "Black Protest and White Leadership: A Note on the Colored Farmers' Alliance", *Phylon* 33(Sum., 1972); Robert C. McMath, Jr., "Southern White Farmers and the Organization of Black Farm Workers: A North Carolina Document," *Labor History* 18(1977), 115-19.

14) Ghita Ionescu & Ernist Bensel, *Populism: Its Meaning and National Characteristics*(N.Y.: Macmillan Co., 1969); Margaret Canovan, *Populism*(N.Y.: Harcourt, Brace, Jovanovich, 1981); Kennith Barkin,

학자들이 각 계층의 사회 신분 이동관계를 알아보는 '이동이론'을 적용하여 민중주의운동을 규명하는 연구서도 나왔다.[15]

이와 같이 1970년대 이후 민중주의에 관한 연구경향이 특정 州나 지역에 초점을 맞추고 있음에 따라, 이 운동을 총체적으로 파악하기 어려운 점을 내포하고 있다.[16] 그러나 이러한 지역사 연구경향은

"A Case Study in Comparative History: Populism in Germany and America" in Herbert J. Bass, ed., *The State of American History*(Univ. of Chicago Pr., 1970), 373-404; Scott G. McNall, "State, Party, and Ideology: Populism in New Zealand the United States", *Comparative Social Research: An Annual Publication* 9(1986); George M. Federickson, *White Supremacy: A Comparative Study in American and South African History*(N.Y.: Oxford Univ. Pr., 1981); John W. Cell, *The Highest Stage of White Supremacy: The Origins of Segregation in South Africa and the American South*(Cambridge Univ. Pr., 1982) 참조.

15) 한 예로, Donna Barnes는 이동이론(mobilization theory)과 구조이론 (structural theory)을 이용하여 민중주의운동의 성장과 쇠퇴를 살펴보았다. 여기서 이동이론은 특정 개인 혹은 계층의 위치가 사회적으로 이동하는 것을 의미하며, 이는 수직이동과 수평이동으로 구분되고 있다. 물론 여기서는 정치적·경제적·사회적인 수직이동을 말한다.
구조이론에서 민중주의운동과 밀접한 관련이 있는 요소는 구조적 긴장(structural strain)이다. 이는 사회 환경 속에서의 여러 가지 갈등, 박탈감, 상황의 불확실성, 규범과 가치의 모순 등을 말한다. 이러한 제 요인으로 인하여 농민들은 분노하였으며, 곧 민중주의운동으로 표출했다고 Barnes는 주장하였다. Donna A. Barnes, *Farmers in Rebellion: The Rise and Fall of the Southern Farmers' Alliance and People's Party in Texas*(Univ. Pr. of Texas, 1984); 김선건 공저, 『새사회학통론』(서울: 형설출판사, 1993), 192, 228-30.

16) 오슬러와 Holmes는 이에 대해서 구체적으로 언급하고 있다. Jeffrey Ostler, *Prairie Populism*, 7; William F. Holmes, "Populism: In Search

어찌 보면 자연스런 과정이라고 할 수도 있다. 왜냐하면 민중주의운동의 성격과 민중당의 전개상황을 이해하고자 미국 전 지역을 모두 고찰한다는 것은 적지 않은 무리가 따르기 때문이다. 더구나 각 지방마다 안고 있는 지역적 특성과 방만한 자료를 모두 고찰하고 이를 다시 종합 분류한다는 것은 한 개인의 역량과 시간으로는 엄두조차 내기 어렵다.

1970년대부터 1990년대의 민중주의운동에 관한 지역사 연구를 살펴보면, 대체로 캔사스·네브라스카·텍사스에 관한 논문이 많고, 지역 연구에 있어서도 이 州들이 포함된 평원지대(Plains States 혹은 Great Plains States) 관련 연구가 다른 지역보다 상대적으로 많다. 물론 이러한 배경은 평원지대에서 민중주의운동이 가장 활발히 전개된 데 있다. 그렇다면 어떠한 요인이 평원지대를 민중주의운동의 중심지로 만들었을까? 우선 생각해 볼 수 있는 것이 이 지역이 농촌지대라는 점이다.

이러한 설명은 동부와 비교해 볼 때에는 그대로 적용이 된다. 즉 1890년대 당시 동부의 주민은 도시 경제권에 속하였고, 농민도 소수에 지나지 않았기 때문이다. 그러나 이러한 논리가 남부에는 적용이 안 되는데, 이 지역도 평원지대와 마찬가지로 주로 농촌지대였던 것이다. 더불어 남부 농민은 민중주의운동에 대해서는 평원지대보다 소극적인 면을 보였으나, 남북전쟁 종전부터 1880년대 말 즉 민중주의운동이 일어나기 전까지는 오히려 평원지대보다 활발히 농민운동을 전개하였다.

따라서 평원지대가 남부보다 민중주의운동이 활발히 전개된 데에

---

of Context," 26-28.

는 다른 요인이 있을 것으로 추측되며, 이는 한편으로 남부가 1880년대 말 이후 갑자기 평원지대보다 소극적으로 민중주의운동에 참여했는가와도 관련이 있을 것으로 보인다. 이와 같이 1890년대 평원지대의 민중주의는 역사가들의 관심만큼이나 관련 논문이 다른 지역에 비하여 많고 민중주의운동의 중심지라는 점 그리고 여타 지역 특히 남부와 비교 분석할 수 있다는 점에서 연구할 가치가 높다.

그럼 평원지대를 중심으로 한 민중주의운동은 어떠한 지역적 특성을 갖고 있으며, 남부와의 차이점은 어떤 것일까? 더불어 민중주의운동이 이 지역에서 가장 활발히 전개된 경제적 혹은 정치적 요인은 무엇이며, 민중주의운동 이전에는 어떠한 농민운동이 일어났을까? 사실 민중주의운동과 그 이전에 등장한 농민운동과의 관련을 살펴보는 것 또한 평원지대의 민중주의를 보다 정확히 이해하는 데 도움이 될 것이다.

다음으로 평원지대를 중심으로 한 민중주의운동은 1892년 오마하에서 민중당이 결성된 이후, 차차 오마하강령(민중주의원칙)의 여러 항목 중에서 '銀貨의 自由鑄造(free silver)라는 항목으로 다른 정당과 연합(fusion)을 해서 세력을 확장시켜야 한다는 연합주의자(fusionist) 측과 다른 한편으로 연합과 '은화의 자유주조'를 반대하고 오마하강령의 모든 항목을 그대로 고수하면서 독립성을 유지시켜야 한다는 反연합주의자(antifusionist) 양측으로 분열하였다. 특히 이러한 현상은 평원지대에서 두드러졌는데, 이는 이 지역에서 민중당이 창당되었을 뿐만 아니라 많은 지도적 민중주의자들이 활동하고 있었기 때문이다. 그리고 이러한 내분 속에서 양측은 서로를 비난하면서 자신들이 진정한 민중주의자라고 언쟁했다. 이러한 양상은 1896년의 민중당-민주당 연합의 대통령 후보 윌리엄 제닝스 브라이언(William Jennings Bryan)의 패배 이후 더욱 심화되어 양측은 민중당 분열의 책임을 전가하였다.

그렇다면 양측의 견해 중에서 어느 쪽이 더욱 설득력이 있으며, 당의 분열과 약화의 책임은 어느 쪽에서 져야 할까? 이를 알아보기 위해서는 역사가들의 연합에 대한 견해도 아울러 살펴보아야 할 것이다. 그럼으로써 민중당 분열과 약화의 책임이 과연 연합주의자와 反연합주의자 간 어느 쪽에 있는지 규명될 것이다.

II. 평원지대 농촌

1. 지역 성격

민중주의운동의 배경을 이해하기 위해서는 19세기 후반의 평원지대 농촌 현황을 살펴보고, 이를 전국적인 농촌 사정과 비교해야 할 필요성이 있다. 즉 평원지대를 전국의 농촌과 비교함으로써 상대적으로 농민운동이 더욱 활발히 일어난 요인을 알아볼 수 있다. 또한 민중주의운동이 일어나기 이전, 평원지대에 어떠한 농민운동이 있었는지를 알아보는 것도 민중주의의 성격을 이해하는 데 도움이 될 것이다. 왜냐하면 1890년 이전 이 지역에 농민운동이 있었다면, 민중주의운동과의 연관성을 찾을 수 있기 때문이다.

평원지대의 성격을 알아보기 위해서 우선 고려해야 할 것이 지리적 환경이다. 평원지대 환경의 특성은 일반적으로 3가지로 구분된다.

1. 상당히 넓은 평지가 있다.
2. 울창한 숲이나 나무가 없다.
3. 건조한 기후 조건으로 일반적인 농업을 하기에는 강우량이 부족하다.[1]

---

1) 월터 P. 웹(Walter P. Webb)은 전술한 3가지 조건이 평원지대를 결정하며, 그중에서도 건조한 기후 조건이 가장 중요하다고 보았다. 그는 여기서 '건조한'이라는 용어를 humid, sub-humid, 혹은 '강우량이 불충

따라서 세 가지 특성을 모두 갖고 있는 지역을 평원지대로 규정할 수 있으나,[2] 이 지역의 환경을 넓게 적용하여 전술한 특성 중 두 개만 갖고 있는 지역을 평원지대에 포함시키는 경우도 있다. 한 예로 초원지대(Prairie 혹은 Prairie Plains)는 다습한 기후라는 차이점을 제외하고 나머지 특성들을 갖고 있는데, 이 지역도 평원지대에 포함시킨다. 콜로라도를 비롯한 록키산맥을 접하고 있는 州들도 평지가 없다는 점을 제외하곤 나머지 두 특성을 갖고 있으며, 이 지역 또한 평원지대에 포함된다.

그리하여 평원지대는 적용 범위가 몇 개의 州로부터 10여 개 州에 이르기까지 다양하며, 학자들도 각기 나름대로 평원지대 州들의 범위를 설정하고 있다. 예를 들어, 월터 P. 웹·프리드릭 머크·레이 A. 빌링턴 등은 평원지대를 광의적인 의미로 해석하여 미시시피 강 동쪽의 애팔라치아산맥 기슭으로부터 서부의 록키산맥에 이르는 전 지역을 범주에 넣고 있다. 물론 여기에는 초원지대도 포함되어 있으며,[3] 이를 지도로 살펴보면 다음과 같다.

분한' 등으로 혼용하여 사용하였다. 또한 프리드릭 머크(Frederick Merk)와 레이 A. 빌링턴(Ray A. Billington)과 같은 역사가들도 건조한 기후가 평원지대를 다른 지역과 구분하는 가장 중요한 특성이라고 하였다. Walter P. Webb, *The Great Plains*(Univ of Nebraska Pr., 1931), 3, 6; Frederick Merk, *History of the Westward Movement,* (N.Y.: Alfred A. Knopf Inc., 1978), 241-49; Ray A. Billington, *Westward Expansion: A History of the American Frontier*(N.Y.: MacMillan Company, 1960), 320-26.

2) 웹은 세 가지 특성을 모두 갖고 있는 평원지대를 Central Great Plains 혹은 High Plains와 같은 용어로도 사용된다고 하였다. Walter P. Webb, *The Great Plains,* 3-9.

3) Walter P. Webb, *The Great Plains,* 3-8; Frederick Merk, *History of*

(표-1) 평원지대 환경

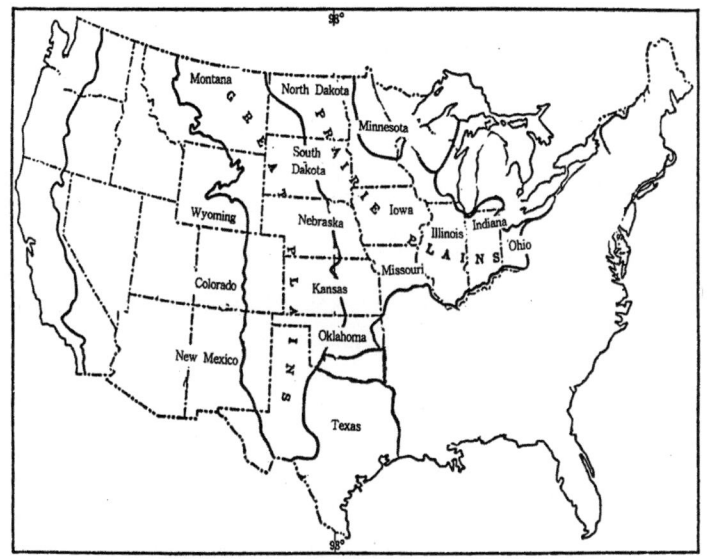

Source: Walter P. Webb, *The Great Plains*, 34.

그러나 민중주의운동을 연구하는 학자들은 평원지대의 州들을 다
소 협의적으로 설정하고 있으며, 그 예로써, 시드릭 B. 카우윙
(Cedric B. Cowing)은 평원지대의 州들로 캔사스 · 네브라스카 · 노
스다코타 · 사우스다코타 · 오클라호마 · 텍사스를 포함시키고 있다.
제프리 오슬러도 텍사스를 제외하고는 카우윙의 범주를 그대로 따
르고 있다. 특히 이들은 공통적으로 웹과 빌링턴 등이 평원지대 범
주에 넣은 초원지대를 중서부 지역으로 따로 분류하고 있으며, 이러

---

the Westward Movement, 240-43; Ray A. Billington, *Westward
Expansion*, 320-24.

한 구분은 스탠리 B. 파슨스(Stanley B. Parsons)와 로버트 C. 맥매쓰(Robert C. McMath)에 의해서도 그대로 적용되고 있다.[4] 또한 오슬러와 카우윙은 콜로라도·와이오밍·몬타나·뉴멕시코를 Rocky Mountain states 혹은 Mountain states로 구분하여 평원지대 범주에 넣지 않았으며, Robert W. Larson은 콜로라도를 비롯한 록키 산맥에 인접한 州들을 Mountain West로 구분하였다.[5]

전술한 제 학자의 견해를 살펴볼 때, 캔사스·네브라스카·노스다코타·사우스다코타·오클라호마·텍사스가 평원지대 범위에 공통적으로 포함되어 있으며, 따라서 평원지대를 이 州들로 설정할 수 있다. 그러나 여기서 또 다른 문제가 지적될 수 있는데, 이는 텍사스를 과연 평원지대에 포함시켜야 하는가에 있다. 왜냐하면 텍사스는 지리적으로는 평원지대에 속하지만, 역사적인 사실에 비추어 볼 때에는 남부에 가깝기 때문이다. 사실 텍사스는 다른 평원지대의 州들보다 먼저 州에 가입하였으며, 노예제를 실시하고 남북전쟁 시에는 남군에 속하였다. 그리하여 존 D. Hicks·Donna A. Barnes·Theodore

---

4) Robert C. McMath, *American Popumism: A Social History 1877-1898*(N.Y.: Hill and Wang), 5, 154; Stanley B. Parsons, *The Populist Context*, xv.

5) 이 밖에도 역사가는 아니지만 Neal R. Pierce와 Jerry Hagstrom은 캔사스·네브라스카·노스다코타·사우스다코타·오클라호마·텍사스와 함께 중서부의 미네소타·아이오아·미조리를 평원지대에 포함시키고 있다. 그러나 이들도 콜로라도를 비롯한 록키산맥에 인접한 州들을 평원지대가 아닌 Mountain States로 분류하였다. Robert W. Larson, *Populism in the Mountain West*(Univ. of New Mexico Pr., 1986); Neal R. Pierce & Jerry Hagstrom, *The Book of America-Inside Fifty Today*(N.Y.: W. W. Norton & Company, Inc., 1983), 240-45.

R. Mitchell과 같은 학자들은 텍사스를 남부에 포함시켰다.[6]

이와 같이 민중주의를 연구한 역사가들이 텍사스를 둘러싸고 제각기 평원지대나 남부에 포함시키는 등, 평원지대 범위를 설정하기가 그만큼 어렵다. 그러나 필자는 글 전개의 편의상 일단 텍사스를 평원지대에 포함시키기로 했다. 이유인즉 텍사스가 안고 있는 남부 역사적인 성격에도 불구하고, 지리적으로 평원지대에 속하기 때문이다. 더욱이 텍사스가 분명히 평원지대와 밀접한 관계에 있다는 점을 간과해서는 안 된다는 점이다.

텍사스를 지리적으로 남부와 북부로 양분할 때, 북부 농촌은 평원지대의 주요 농산물인 밀지대였다. 그리고 텍사스 남부는 주로 면화를 생산함으로써 전형적인 남부 농촌의 성격을 지니고 있다. 그리하여 텍사스는 이러한 평원지대와 남부의 접경지대라는 지리적 특성으로 인하여, 특정 지역에서 일어난 농민운동을 다른 지역으로 확산하는 데 있어 중개 역할을 할 수가 있었다.[7]

그럼 평원지대의 지리적 특성과 민중주의운동과는 어떠한 관련이 있을까? 우선 평원지대는 다른 지역보다 도전과 실험이 요구되었는

---

6) John D. Hicks, *The Populist Revolt*; Donna A. Barnes, *Farmers in Rebellion*; Theodore R. Mitchell, *Political Education in the Southern Farmers, Alliance, 1887-1900*(Univ. of Wisconsin Pr., 1987).

7) 로버트 C. 맥매쓰에 의하면, 텍사스가 남부와 평원지대의 접경지대로서 그렌져운동·농민동맹·민중주의운동이 전국으로 확산되는 데 있어 주요한 역할을 했다고 보았다. 농민동맹의 경우, 이 운동은 주로 남부에서 일어났으나 텍사스를 연계로 하여 평원지대와 북부로 확산되었다는 것이다. 그리고 민중주의운동도 캔사스를 비롯한 평원지대가 중심 지역이었으나, 텍사스를 거점으로 하여 남부로 이 운동을 확산시켰다고 주장하였다. Robert C. McMath, *American Popumism*, 39.

데, 이는 개척지로서 이주민 수가 적고 교통이 불편하며 건조한 기후로 인해 농사가 어렵다는 점 때문이다.[8] 그리고 이러한 문제들은 평원지대로 이주하려는 남부와 북부인 모두에게 적용되었다.

평원지대로 이주한 사람들은 전술한 제 문제를 해결하기 위하여 노력했던바, 운송 문제는 철도로, 농업용수 부족은 수리(水利)와 새로운 농사법으로 대처했다. 수리의 한 방법으로 풍차를 이용하고 건지농사(乾地農事)를 하기도 했다. 또한 가뭄과 그 밖의 재해에 얼마나 견딜 수 있는지를 살펴보기 위해 여러 작물을 실험 재배하였다.

이와 같이 평원지대의 농민들은 생존을 위해서 끊임없는 도전과 실험 그리고 기술혁신을 시도하려 했다. 이러한 현상은 이후 정치적인 면에도 그대로 나타나고 있으며, 가장 대표적인 예가 민중주의운동이다.[9]

북부와 남부의 많은 소농(小農)들은 남북전쟁이 일어나기 훨씬 이전부터 경제적 자립 기반을 세우고자 평원지대로 이주하였다. 그리고 양 지역의 농민들은 앞서 언급한 평원지대가 안고 있는 개척지로서 교통의 불편과 생필품 부족 그리고 건조한 기후로 인한 농업용수 부족으로 정착하는 데 큰 고통을 받았다. 그러나 평원지대에 정착하는

---

8) 또한 오클라호마의 이주민들은 경작지를 확대하기 위하여 인디언과 잦은 마찰을 일으켰다. Worth R. Miller, *Oklahoma Populism: A History of the People's Party in the Oklahoma Territory*(Univ. of Oklahoma Pr., 1987), 11-13.

9) 웹에 의하면, 평원지대의 정치적 급진주의는 농민들로부터 비롯되었으며, 지리적 특성으로 인하여 '정치적 혁신의 땅'이라고 하였다. 그리하여 농민운동이 어느 지역에서 일어난 것과는 상관없이, 평원지대에서는 많은 수의 농민들이 이 운동에 참여하였다. 또한 그는 이러한 특성이 가장 잘 나타난 예가 민중주의운동이라고 보았다. Walter P. Webb, *The Great Plains*, 502-5, 514.

데 따른 어려움은 북부인보다 남부인이 훨씬 크게 작용하였다.

이는 남부 농업이 플랜테이션과 노예제에 기반을 두고 있었던 반면, 북부는 자유노동에 기초한 개인 혹은 가족 중심의 자영농이었기 때문이다. 즉 도전과 실험을 요구하는 평원지대에는 북부 출신이 비교적 남부보다는 적응하기가 쉬웠다고 볼 수 있다. 더불어 남부가 면화를 주요 작물로 하는 상황에서 평원지대의 건조한 기후도 심각한 장애 요인이었다.[10]

양 지역 간에는 정치적으로 상이한 면이 있었는데, 그 배경은 남부가 민주당 체제하에 있었던 반면, 평원지대의 州들은 어느 한 정당의 틀 속에 있지 않았던 데서 비롯되었다. 예를 들어 캔사스와 네브라스카는 공화당의 영향력을 많이 받았던 반면, 텍사스는 민주당 체제하에서 남북전쟁 시 남군의 주요 활동 무대였다. 이와는 달리 오클라호마는 1880년대 전반기까지만 하더라도 인디언 보호구역이 주류를 이루고 공화·민주 양대 정당의 세력이 공존하고 있었다.

그러나 전술한 차이점에도 불구하고 평원지대와 남부는 농업을 경제적 기반으로 함으로써, 중요한 공통점이 있었다. 우선 양 지역은 동부에 비하여 대도시가 드물었다. 특히 평원지대는 이러한 현상이 남부보다 더욱 두드러졌으며, 이는 앞서 언급한 이 지역의 지리적 특성에서도 나타나고 있다. 또한 텍사스를 제외한 평원지대의 나머지 州들이 모두 1861년부터 1907년에 이르는 시기동안 州로 가입했다는 점을 감안하면 더욱 잘 알 수 있다.

평원지대와 남부는 농산물 가격과 통화정책 등과 같은 문제에 공

---

10) *Ibid.*, 184-85.

통적 이해관계를 갖고 있었다. 한 예로, 1870-97년 동안 주요 농산물인 밀·옥수수·면화가격의 추세는 양 지역의 농민의 경제적 곤란을 가중시켰던바, 농민운동을 일어나게 한 원인으로 작용하였다.

(표-2) 주요 농산물 평균 시장 가격(1870-1897년)

年	밀(부셸당)	옥수수 (부셸당)	면 화 (파운드당)
1870-1873	106.7	43.1	15.1
1874-1877	94.4	40.9	11.1
1878-1881	100.6	43.1	9.5
1882-1885	80.2	39.8	9.1
1886-1889	74.8	35.9	8.3
1890-1893	70.9	41.7	7.8
1894-1897	63.3	29.7	5.8

Source: Department of Agriculture, *Yearbook of Agriculture, 1901*(Washington D.C.: Government Printing Office, 1902), 699, 709, 754.

여기서 평원지대는 주로 밀과 옥수수를 재배하였으며, 남부는 면화 지대였다. (표-2)에서도 나타나듯이, 1870년대 초와 1890년대 중반을 비교하면 밀과 옥수수는 거의 절반 가격으로, 면화는 3분의 1 가격으로 하락하였다. 더불어 농산물 가격하락은 통화정책과도 밀접한 관련이 있었다. 즉 통화부족으로 인하여 달러가치 즉 화폐의 구매력이 1865-95년 동안 계속해서 상승했는데, 이는 상대적으로 농산물 가격하락 요인으로 작용했기 때문이다.

(표-3) 달러의 가치상승(1865-1895년)

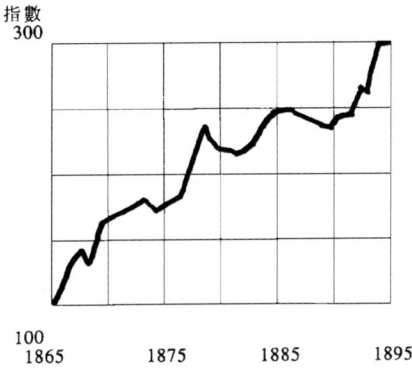

指數
300

100
1865   1875   1885   1895

Source: Alex M. Arnett, *The Populist Movement in*
Georgia: A View of The Agrarian Crusade in the
Light of Solid-South Politisc(N.Y.: Longmans,
Green & Co., 1992), 69.

결국 통화수축정책은 농민들의 채무를 가중시켰으며, 이에 대한
상세한 내용은 다음 장에서 언급코자 한다.

이와 같이 평원지대와 남부는 공통적으로 농업을 경제적 기반으로 함
으로써, 일부 남부인은 남북전쟁이 일어나기 직전 평원지대의 주민들과
힘을 합쳐 북동부의 산업가에게 군사적으로 대항할 생각도 하였다.[11]

이 밖에도 농민들은 전술한 경제적 곤란과 함께 산업화와 도시화
로 인하여 자신들의 위치가 하락했다는 심리적 불안감을 가졌는데,
이 또한 농민운동의 주요 원인이 되었다. 사실 미국은 전통적으로
농업국가로 출발하였으며, 남북전쟁 직전까지만 해도 국민생산 총가
치에서 농업이 절대적인 비율을 차지하고 있었다. 그러나 남북전쟁

---

11) John D. Hicks, *The Populist Revolt*, 36.

이후 본격적으로 추진된 산업화정책은 농업과 공업의 비율을 급격하게 전환시켜, 1870년에는 각각 57%와 43%로 농업이 약간 우세하였다. 이후 1900년에 이르러서는 양자의 위치가 65%와 35%로 뒤바뀌었으며, 농업과 공업에 종사하는 인구수도 큰 격차를 보였다.12)

그럼 이러한 상황 하에서 특히 캔사스와 네브라스카를 비롯한 평원지대에서 민중주의운동이 두드러진 요인은 무엇일까? 이를 알아보기 위해서는 평원지대의 농촌이 안고 있는 제 문제를 구체적으로 살펴 볼 필요성이 있다.

2. 농촌의 제 문제

평원지대 농촌이 처한 문제점을 보다 잘 이해하기 위해서는, 이 지대에 속한 州들의 특성을 우선 살펴볼 필요성이 있다. 사실 평원지대의 州들이 연방에 가입된 시기는 각기 달랐는데, 텍사스가 1845년에 처음 가입한 이후로 캔사스(1861년)와 네브라스카(1867년)가 뒤를 이었다. 다음으로 노스다코타와 사우스다코타가 1889년 동시에 가입하고 끝으로 오클라호마가 1907년에 가입하였다. 따라서 같은 평원지대에 속하면서도 가입 기간의 차이가 가장 큰 경우-60년 이상이나 벌어진다는 점에서, 이들 州는 성격이 다를 수밖에 없었다.

한편 정치적인 면에 있어서, 캔사스와 네브라스카는 남북전쟁 기간동안 북군으로 참전하였기 때문에 당연히 공화당이 압도적으로 우세하였다. 더욱이 종전 직후, 많은 군인들이 이 지역으로 몰려들

---

12) 이주영, 『미국 경제사 개설』(서울: 건국대학교 출판부, 1988), 89.

음으로써 – 양 지역은 강력한 공화당 일당(一黨) 지배하에 있었으며, 상원의원이나 주지사 모두 공화당 출신이 당선되었다. 그 예로써 캔사스의 공화당원 존 J. 인갤스(John J. Ingalls)는 3선(選) 경력의 상원의원이었으며, 네브라스카 주지사 John Thayer는 북군의 장군 출신으로서 주지사에 재직하고 있었다. 따라서 이들 지역에서 민주당원이 공직에 당선된다는 것은 아주 어려운 일이었다.

이와는 달리 텍사스는 남군으로 참전한 지역으로서, 본질적으로 민주당 일당 체제였다. 텍사스의 농민운동을 주로 연구한 로스코 마틴(Roscoe Martin)의 주장에 의하면, 이 지역의 주민들은 어느 지역 못지않게 민주당을 일방적으로 지지했다고 하였다. 즉 1873년 재건시대의 군정(軍政)이 끝난 직후 실시된 선거에서 민주당 출신의 Richard Coke는 공화당 소속의 E. J. Davis를 물리치고 주지사에 당선되었으며, 이후 거의 민주당 출신만이 공직에 당선되었다. 특히 마틴은 이 지역에서는 출마자 개인의 역량과 인격과는 상관없이 오직 민주당에 속했는지 여부가 당선의 관건이 될 정도로 지방색이 강하게 작용했다고 강조하였다.[13]

오클라호마는 캔사스·네브라스카·텍사스가 일당 체제하에 있었던 것과는 달리 공화당·민주당 어느 한쪽도 절대적으로 우세하지 않았다. 이는 오클라호마가 남북전쟁 기간동안 다른 지역에 비하여 전쟁의 소용돌이에 말려들지 않을 정도로 백인이 별로 거주하지 않은 인디언 보호구역이 주류를 이루기 때문이다. 1880년대를 기점으로 본격적인 백인 이주가 시작되었으며, 초기 이주민 분포는 남부인

---

13) Roscoe Martin, *The People's Party in Texas: A Study in Third-Party Politics*(Univ. of Texas Pr., 1970), 16-22.

대 북부인 혹은 공화당원 대 민주당원을 따로 구분할 수 없을 만큼 수가 적었다. 그리고 외국의 이민을 비롯한 다양한 지역 출신의 구성원을 이루고 있었다.[14]

따라서 오클라호마의 농민 수가 아주 적은 만큼 1880년대 전반기까지만 하더라도 이 지역에서 농민운동 단체가 적극적으로 활동하기에는 어려움이 있었다. 그러나 1890년대에 들어서 이 지역 농민 수가 급격히 증가함에 따라, 농민운동도 활발히 일어날 수 있었다. 그리고 이 기간에 가장 적극적으로 활동한 농민단체가 곧 민중주의운동이었다.[15]

이와 같이 평원지대의 州들은 각기 지역적 특성이 있으며, 그중에서도 민중주의운동과 가장 연관성이 있는 州들은 캔사스·네브라스카·텍사스라 할 수 있다. 왜냐하면 남북전쟁 이전부터 농업적 기반이 있었던 이 세 州가 평원지대 내에서 빨리 연방에 가입하였으며, 州의 전체 구성원 중에서 농민들이 차지하는 비중이 아주 크기 때문이다. 사실 이 세 州에서 일어난 농민운동은 규모와 조직 구성에 있어서 평원지대의 다른 州들을 압도하고 있었다.[16]

그리하여 민중주의운동을 연구하는 데 있어서 특히 캔사스·네브라스카·텍사스가 중요하며, 이 지역을 중심으로 농촌이 처한 문제

---

14) 이를 좀 더 구체적으로 살펴보면, 공화당에 공감을 하는 북부인들은 주로 캔사스로부터 이주했으며, 민주당에 애착을 갖고 있던 남부인들은 주로 텍사스로부터 들어왔다. 이들은 각기 캐나디안 강 북쪽과 남쪽을 경계로 하여 정착하였다. Worth R. Miller, *Oklahoma Populism*, 3-6.

15) Worth R. Miller는 오클라호마의 농민들이 주로 캔사스의 농민지도자들로부터 영향을 받았으며, 따라서 '오클라호마 민중주의'의 기원을 캔사스에 두고 있다. *Ibid.*, xii.

16) 오클라호마·노스다코타·사우스다코타는 늦게 州에 가입했기 때문에 그만큼 농민운동의 기반이나 조직이 약하였다.

를 살펴보고자 한다.

(1) 농산물 가격

19세기 후반 당시 농민들은 자신이 처한 열악한 경제 상황의 원인을 크게 농산물 가격하락·높은 이자율·철도회사의 횡포에서 비롯되었다고 보았다. 그중에서도 가장 근본적인 문제는 바로 농산물 가격하락이었다. 왜냐하면 농산물 가격이 높으면, 높은 이자율에 따른 부담도 경감되어 유질(流質)[17]에 대한 두려움도 사라지고, 값비싼 철도 운송비도 감당할 수 있었기 때문이다. 그러나 근본적으로 농산물 가격의 급격한 하락은 다른 요소들과 맞물려 연쇄적으로 고통이 가중되었다. 농산물 가격하락은 농민들이 지고 있는 채무의 이자율이 변동이 없다 할지라도 물가하락만큼 채무가 늘어난다는 것을 의미했다. 더불어 농산물을 운송하는 철도요금과도 밀접한 관련이 있는바, 값비싼 철도요금은 차라리 시장판매를 포기하는 편이 나을 정도였다. 이는 마치 한국에서 거의 매해 되풀이되는 농촌 상황과 유사하다. 즉 산지 농민들이 값싼 농산물 가격에 부담이 되는 트럭운송요금으로 인해, 1년 농사를 마무리 짓는 수확을 포기하고 밭을 엎어버리는 것이라고나 할까.

농산물 가격이 하락한 배경에 대해서는 다양한 견해가 있으나, 가장 근본적인 요인은 미국 국내 농산물의 과잉생산이었다. 즉 1870년 ―90년 사이의 미국 농산물의 급격한 증가는 국내는 물론이고 세계

---

17) 유질(流質)은 foreclosure 혹은 mortgage forfeit에 해당되며, 저당 잡힌 물건이 기한이 넘어서 실효(失效)가 되는 것을 의미한다.

시장을 충분히 소화하고도 남을 정도였다. 따라서 미국 농산물이 국내가 아닌 세계시장에서 가격 경쟁할 때에는 농민들이나 미국 정부의 통제권을 이미 넘어선 상황이었다.[18]

그리하여 카알 N. 데글러(Carl N. Degler)는 농민들이 이러한 과잉생산의 근본적인 문제를 이해하지 못했던 데에서 나온 해결책(오마하강령)은 단지 임시적인 방편의 진통제 효과만을 기대한 것이라고 주장하였다. 정작 가장 중요한 문제는 잉여농산물을 어떻게 분배하는가에 달려 있는 것이지, 농민들이 요구하는 통화팽창·저리(低利)·철도요금 인하 같은 방법은 결코 당면한 근본적인 문제를 해결할 수 없다고 하였다.[19]

그러나 이러한 데글러의 주장은 다른 한편으로 국내 문제를 다소 도외시한 측면이 있다. 왜냐하면 과잉생산이 농산물 가격하락을 가져오는 것은 당연하지만, 미국 국내에 있어서 지역 간 농산물 가격 차이가 아주 큰 것은 결코 과잉생산의 원인으로 돌릴 수는 없기 때문이다. 그보다는 중간상인 횡포와 같은 유통구조의 문제점과 지역 간 철도요금 격차가 아주 컸기 때문이었다. 그리고 중요한 것은 농민들의 불만이 나온 곳이 결코 농산물 가격이 높았던 동부가 아니라 상대적으로 가격이 아주 낮았던 평원지대나 남부에서 비롯되었다는 점이다. 바로 이러한 점에서 평원지대와 남부 지역에서 19세기

---

18) 이보형·홍영백·이주영 공역, 『현대 미국의 성립』(서울: 일조각, 1978) Carl N. Degler, *Out of Our Past: The Forces That Shaped Modern America*(N.Y.: Harper Colophon Books, 1959), 378-79.

19) 데글러는 이러한 논리에서 농민들의 경제적 불만과 관련된 민중당의 오마하강령 항목들이 근본적인 문제를 해결할 수 없는 것으로 결론짓고 있다. 『현대 미국의 성립』, 386-87.

후반 내내 잇따른 전국적인 농민운동이 일어났던 것이다.

따라서 과잉생산이 농산물 가격하락의 주요한 원인이라는 것은 공감하지만, 그렇다고 해서 저당·이자율·철도운송을 비롯한 그 밖의 문제가 결코 지엽적인 것은 아니라고 생각된다. 더불어 데글러가 민중주의운동이 일어난 근본적인 배경을 과잉생산에 두고 있지만, 이는 논리의 비약이 지나지 않는다. 왜냐하면 과잉생산 문제가 이 운동이 일어난 주요 배경이라고 한다면, 동부 지역의 농민도 평원지대나 남부 지역의 농민들처럼 민중주의운동에 적극적으로 참여했을 것이다. 그러나 동부 지역의 농민들은 이 운동에 소극적으로 참여하거나 혹은 전혀 관심을 가지지 않았다. 이는 동부가 다른 지역에 비하여 상대적으로 농산물 가격이 높고, 철도요금이 싸고, 이자율도 훨씬 낮았기 때문이다. 즉 민중주의운동이 일어난 배경은 과잉생산뿐만 아니라 그 밖의 여러 제반 문제가 복합적으로 작용한 것이라고 볼 수 있다.

그 밖에도 미국의 농산물이 과잉생산을 가져온 배경은 19세기 중반부터 밀·옥수수·면화와 같은 주요 농산물에 대한 수요가 미국 국내는 물론 유럽에서도 급증하였던 데에서 비롯되었다. 이는 미국 인구의 팽창과 유럽 특히 영국의 곡물법(Corn Laws)의 폐지[20]와

---

20) 곡물법이란 원래 영국의 국내 곡물가격이 일정한 표준 이하로 떨어질 때 외국에서 수입되는 곡물에 관세를 부과한다는 법률로서, 영국의 농업을 보호하기 위해 마련되었다. 나폴레옹전쟁 중에 세율이 크게 인상되었으나, 그 후 계속해서 국내 지주들을 보호하기 위하여 유지되고 있었다. 그러나 영국이 산업혁명으로 상·공업국이 되고 인구와 농업 생산력이 크게 증가함으로써, 이 법률의 지속 여부에 대하여 폐지 주장이 잇따랐다. 더욱이 1845년부터 다음 해까지 걸쳐 계속된 아일랜드

면방직 산업에 기인하였다. 그러나 이후 서부개척과 철도를 비롯한 운송 기관의 발달로 농산물 생산량이 급증하고 동시에 국제시장에서 오스트레일리아와 아르헨티나와 경쟁을 해야 했다.[21] 특히 농민들은 이전에는 흉작을 했어도 오히려 농산물 가격이 상승할 수도 있었으나, 이제는 흉작을 하고 동시에 외국 농산물이 풍작을 했을 시에는 엄청난 고통을 받을 수밖에 없었다.

더글라스 C. 노쓰(Douglass C. North)는 국제시장이 미국 국내시장의 농산물 가격에 영향을 미쳤으며, 바로 이러한 점에서 농민운동의 한계를 찾았다. 그는 주장하기를, 19세기 후반부터 농민들이 다른 산업으로 이동하기 시작하였는데 - 이는 분명히 농산물의 공급과잉과 그에 따른 가격하락에 기인했다는 것이다. 또한 세계시장에서 농산물과 공산품 가격이 하락하게 된 배경은 과잉생산과 함께 세계의 통화공급이 금 보유량에 기초했기 때문이라고 했다. 여기서 금 보유량은 어느 정도 한정될 수밖에 없어서 통화공급이 서서히 증가하게 되며, 이는 곧 고정된 통화량에서 놀라울 정도의 가격하락의 결과를 가져왔다고 노쓰는 주장하였다.[22]

이와 같이 농민들은 농산물 가격의 하락으로 큰 고통을 받았으며,

의 흉작에 의한 영국 국내의 기근 현상으로 인하여, 1846년경 영국 정부는 곡물법을 폐지하였다. S. H. Steinberg & I. H. Evans, *Steinberg's Dictionary of British History*(London: Edward Arnold, 1963), 88.

21) 그 밖에도 남아프리카공화국·우크라이나·인도 등지에서도 농산물 특히 밀을 생산하였으며, 이로 인하여 밀 가격은 크게 하락하였다. Douglass C. North, *Growth and Welfare in the American Past*(N.J.: Prentice-Hall, Inc., 1966), 143-44.

22) Douglass C. North, *Growth and Welfare in the American Past*, 144.

이러한 상황은 전국에 걸쳐 나타났다. 그러나 유독 캔사스와 네브라스카를 비롯한 평원지대에서 농민운동이 활발히 전개된 데에는 바로 이들 지역이 주요 농산물지대였기 때문이다. 즉 평원지대는 여타 지역보다도 농산물 가격이 하락할 시에, 그 고통이 컸다. 한 예로 쉐넌(Fred A. Shannon)이 제시한 밀과 옥수수 지대에 관한 표(1859-1899년)를 살펴보면, 1880년대부터 평원지대의 州들이 주요 농산물지대로 나타나고 있다.

(표-4) 주요 밀지대 현황(1859-1899년)

1859-79	1889	1899
일리노이스	캔 사 스	캔 사 스
인디아나	미네소타	노스다코타
아이오아	캘리포니아	사우스다코타
위스콘신	일리노이스	미네소타
오하이오	인디아나	오하이오
펜실베니아	오하이오	캘리포니아

(표-5) 주요 옥수수지대 현황(1859-1899년)

1859-79	1889	1899
일리노이	캔 사 스	캔 사 스
아이오아	네브라스카	네브라스카
오하이오	텍 사 스	텍 사 스
미 조 리	아이오아	오클라호마
인디아나	일리노이	일리노이스
켄 터 키	미 조 리	아이오아

Source: 이 표는 Schmidt·Ross·Shannon의 글을 종합하여 제시한 것임. Louis B. Schmidt, "The Internal Grain Trade of the United States, 1860-1900" *Iowa Journal of History and Politics* 19 n.2(Apr., 1921), 198, 207, 212, 235: Louis B. Schmidt & Earle D. Ross, *Readings in the Economic History of American Agriculture*(N.Y.: Macmillan Company, 1925), 370-80; Fred A. Shannon, *The Farmer's Last Frontier: Agriculture, 1860-1897*(N.Y.: Holt, Rinehart, and Winston, 1963), 163.

표에서 나타나듯이, 캔사스는 주요 밀·옥수수 지대 양쪽에서 두드러지고 있으며, 1890년대에는 평원지대의 모든 州들이 주요 농산물지대에 포함되었다.[23] 그러나 한편으로 양 표는 1870년대 이전에는 평원지대가 주요 농산물지대가 아니라는 것을 의미하며, 따라서 농민운동이 전개된다고 할지라도 1880년대 이후처럼 활발히 일어나기는 어렵다는 것을 함축하고 있다. 또한 평원지대의 농산물 가격은 여타 지역 특히 동부와 차이가 컸다. 한 예로, 1884-1890년 기간동안 네브라스카와 시카고의 옥수수와 밀 가격현황을 살펴보면, 지역간 농산물 가격 차이가 얼마나 심각한 상황에 이르렀는지를 잘 보

---

23) 쉐넌은 옥수수지대의 경우, 10개의 州를 예로 들고 있다. Fred A. Shannon, *The Farmer's Last Frontier*, 163.

여주고 있다.

(표-6) 네브라스카와 시카고 옥수수·밀 가격

(1884-1890년)(1부셸당)

연 도	옥수수가격(센트)		밀가격(센트)	
	네브라스카	시카고	네브라스카	시카고
1884	25	57	60	95
1888	40	50	65	81
1889	30	35	75	98
1890	22	34	60	87

Source: *Omaha World Herald*, Apr. 5, 1890.

(표-6)에서 나타난 바와 같이, 1884년의 네브라스카와 시카고의 옥수수 가격은 두 배 이상 차이가 나며, 1890년에는 그 차이가 줄었다고 하더라도 시카고 가격보다 약 35% 정도 낮았다. 이러한 현상은 밀 가격에서도 그대로 나타나고 있다.

이와 같이 평원지대의 농민들은 농산물 가격이 계속해서 하락하고 여타 지역보다 훨씬 낮은 가격을 받음으로 해서 경제적 고통이 더욱 가중되었다.

(2) 저당과 이자율

농산물 가격하락과 함께 농민들의 또 다른 불만 요인은 채무에 관한 것이었다. 이러한 채무는 단지 이자율의 수치에 국한된 것이 아니라 농산물 가격하락과 통화수축정책과도 밀접한 관련이 있다. 그리고 만일 농민이 농장을 담보로 하고 채무를 갚지 못했을 때, 유질(流質)이 뒤따른다는 점도 중요하다.

농민들의 채무는 19세기 후반 이후 급격히 증가하였으며, 이러한 원인에는 여러 견해가 있다. 첫째, 전쟁으로 인하여 농촌이 황폐화됨으로써 농장 복구에 필요한 자본이 요구되었다. 둘째, 농산물 수요에 대한 팽창과 함께 농민들이 지나치게 넓은 토지를 매입했다는 것이다. 그와 더불어 경작에 필요한 농기계·농기구·울타리 등에도 많은 경비가 소요되었다.24) 셋째, 시장경쟁을 하기 위해서는 거대한 토지와 기계화가 필요하며, 그에 따라서 막대한 자본이 들어갔다. 그리고 이러한 자본을 대줄 수 있는 자는 동부의 투자가들뿐이었다.25)

그러나 전술한 요인과는 별도로, 농민들은 은행·담보회사·고리대금업자·사채업자 등을 가릴 것 없이 채권자들에 대해서 불만을 갖고 있었다. 그중에서도 평원지대의 농민들은 어느 지역 못지않게 채권자를 증오하였던바, 이러한 배경에는 이 지역 농민이라면 겪을 수밖에 없는 상대적 불평등 요소가 있었다.

즉 남북전쟁 이후 평원지대로 이주한 농민들은 대개 자본이 부족한 소농 혹은 자영농이었다. 따라서 이들은 대부가 아주 필요했으나, 은행은 이에 응하기를 꺼려하였다. 이는 평원지대의 대부분 농민이 통화가 원활히 유통되고 있는 중심지로부터 멀리 떨어져 있다는 지리적 문제점과 함께 은행이 농민이 처한 상황을 정확히 파악하지 못했기 때문이다. 바꿔 말해서 은행은 평원지대 농민들에게 대부를 해주기에는 농민의 신용도와 안전성을 평가할 만한 거래가 거의 없었다. 더구나 은행의 대부 조건은 30일에서 90일까지라는 '단기대부'

---

24) Douglass C. North, *Growth and Welfare in the American Past*, 125.
25) Fred A. Shannon, *The Farmer's Last Frontier*, 303.

였기 때문에, 농민들이 농산물을 생산하고 이를 시장에 판매하고 농장을 확장시키려는 계획을 추진하기에는 너무 짧은 기간이었다. 그리하여 평원지대 농민은 은행으로부터 대부를 받기 어려워서 담보회사나 중개인 혹은 고리대금업자를 통하여 대부를 받아야만 했다. 결국 이러한 대부는 자연히 여타 지역과 굳이 비교할 필요조차 없이 엄청난 이자율이 적용되었다.[26]

한편 이러한 문제점을 해결하고자 평원지대에서는 자본금이 1,500달러 혹은 5,000달러에 이르는 은행들을 개설하였다. 그러나 이 지역의 농민들은 이러한 은행으로부터 거의 혜택을 받지 못하였다. 왜냐하면 1865년부터 1900년 동안의 평원지대와 동부의 이자율 추세를 비교해 볼 때, 동부가 3-4%였던 반면 평원지대는 종종 12-15%에 이르렀기 때문이다. 더불어 은행이 아닌 담보회사나 고리대금업자로부터 대부를 얻을 시에는 계약상에 나타나 있는 것보다 높은 이자율을 부담하였는데, 이는 이자와는 별도로 책정된 여러 형태의 사례금과 수수료였다. 마치 한국에서 사채업자가 종종 자행하는 선이자를 비롯한 온갖 형태의 또 다른 착취라고나 할까. 어쨌든 당시 농민들이 작성한 계약서상의 이자율이 6%라면 실제상의 이자율은 적어도 10% 이상 되었다.[27]

'1873년의 공황' 이후, 평원지대의 농민은 전술한 대부 조건으로 경제적으로 더욱 열악한 상태에 빠져들게 되었다. 특히 농장이나 목초지를 담보 잡히고 대부를 얻었던 농민들은 적지 아니 유질을 당하였다. 예를 들어, 1880년대에는 캔사스 Flint 지역의 광활한 목초

---

26) *Ibid.*, 185, 188.
27) *Ibid.*, 188.

지 대부분이 담보회사로 넘어갔다. Wabaunsee County에는 농장 담보에 관한 기록이 담긴 책에서, 한 페이지에 무려 12번 이상이나 New England Loan and Company라는 명칭의 담보회사가 적혀 있었다. 이는 담보회사가 농민들로부터 얼마나 많은 농장을 담보로 잡고서 이익을 보고 있었는지를 단적으로 증명한다. 1886년-87년 2년간에 걸친 흉작 또한 평원지대의 농민들로 하여금 채무를 갚는 데 어려움을 가중시켰다.

당시 네브라스카 농민들을 무작위로 뽑아 살펴 본 결과, 농민의 반수 이상이 담보를 잡히고 있었으며, 그중의 상당수가 농장을 유질당하였다.[28] 그리고 이 州의 1880년-87년간의 농장 저당으로 얻은 대부의 총액이 7,583,582달러에서 약 3.5배인 26,213,154달러로 증가하였다.[29] 또한 1880년대 말, 농업과 관계된 잡지나 신문에는 이러한 고리(高利)에 대한 기사가 자주 실렸는데, Broken Bow County의 민중당 하원의원 Omar M. Kem이 《Omaha Bee》紙에 기고한 인터뷰는 좋은 예가 되고 있다. 이 기사에서 Kem은 자신이 1880년대 말에 대부를 받기 위해서 동부보다 몇 배나 높은 연리 24%를 지불했다고 불평하였다.[30] 그리하여 농업사가인 쉐넌(Fred A. Shannon)은 당시 평원지대의 자영농들이 대부를 받지도 못하고 겨우 목숨만 부지하면서 살아갈 정도라고 하였다.[31]

---

28) W. F. Mappin, "Farm Mortgages and the Small Farmer," *Political Science Quarterly*, 4, n.3(Sep., 1889), 435, 438-41.

29) U.S. Department of Interior, Bureau of the Census, *Eleventh Decennial Census of the United States, 1890*(Washington D.C.: Government Printing Office, 1895), V. 402-3.

30) *Omaha Bee*, July 13, 1890; Stanley B. Parsons, Populist Context, 28.

1890년에 들어서 평원지대의 1인당 농장을 저당 잡힌 수치는 전국적으로 가장 높은 수준이었으며, 그중에서도 캔사스는 두드러졌다. 당시 캔사스와 노스다코타는 50%에 이르렀으며, 네브라스카와 사우스다코타는 33%를 상회하였다.[32] 그리하여 평원지대 농민들은 유질로 인하여 자영농에서 소작인의 위치로 전락하는 경우가 더욱 빈번했으며, 1880-1900년 기간동안 평원지대 전체 농민 중 소작인 비율에 대한 〈표-7〉은 당시의 상황을 잘 나타내고 있다.

〈표-7〉 평원지대 소작인 비율(1880-1900년)

지 역	1880년	1890년	1900년
캔 사 스	16.3	28.2	35.2
네브라스카	18.0	24.7	26.9
오클라호마	……	0.7	21.0
텍 사 스	37.6	41.9	49.7
노스다코타	……	7.0	8.5
사우스다코타	……	13.2	21.8

Source: U.S. Department of Interior, Bureau of the Census, *Twelfth Census of the United States, Taken in the Year 1890*, Vol. V, Agriculture, Part I. (Washington D.C.: Government Printing Office, 1902), 688-89.

표에서 나타난 바와 같이, 1880년-1900년 기간동안 소작인 비율은 계속 증가하는 추세에 있었으며, 이는 곧 농민들이 증가율만큼 유질을 많이 당하고 소작인의 위치로 전락했다는 것을 의미하고 있다.

---

31) Fred A. Shannon, *The Farmer's Last Frontier*, 189-90.
32) John D. Hicks, *The Populist Revolt*, 21-24; Fred A. Shannon, *The Farmer's Last Frontier*, 306.

한 예로, 캔사스는 1889-1893년 동안 11,000개가 넘는 농장이 유질 되었으며, 일부 카운티는 전체 토지 중에서 10분의 9가 남의 손에 넘어갔다. 그리고 더 이상 저당 잡힐 농장이 없을 때에는, '동산양도 저당'(chattel)으로 대부를 받기도 하였다.[33] 당시 동산양도 저당은 '부동산 저당'보다 훨씬 높은 약 36% 이상의 이자율이 적용되었다.

따라서 이러한 대부는 농민으로 하여금 결코 채무를 벗어날 수 없게 하는 수렁이자 살인적인 이자율이라 할 수 있다. 결국 채무자 인 농민들은 원래의 이자와 누적된 복리(複利)로 인하여 파산상태 로 빠져들게 되었던 것이다. 한 예로, 《Omaha World Herald》紙 기 사에는 네브라스카의 Keith County에 거주하는 농민들의 채무액 중 3분의 1이 복리라고 하였다.[34] 더불어 당시 다코타의 농민들도 말 과 마차를 비롯한 여러 물품을 동산양도 저당으로 잡히고 있어서, 마음대로 이주조차 할 수 없는 형편이었다.[35]

평원지대 농민들은 경제적으로 자립하고자 다른 지역으로 이주하 려고 했던바, 이러한 현상은 (표-7)에서 소작인 비율이 높았던 캔사 스와 텍사스가 아주 두드러졌다. 당시 캔사스 서부에 살고 있던 농민 중 약 반수가 1888-1892년에 걸쳐 다른 지역으로 이주하였으며, 전체 적으로는 20개의 카운티에서 인구가 감소하였다. 캔사스 서부에 속하 지는 않지만 Wichita County의 거의 모든 농장이 파산하였다. 1891 년 말에는 최소한 1만 8천 개에 달하는 역마차(prairie schooner)가

---

33) John D. Hicks, *The Populist Revolt*, 78-86; Fred A. Shannon, *The Farmer's Last Frontier*, 313.
34) *Omaha World Herald*, July 22, 1890.
35) John D. Hicks, *The Populist Revolt*, 78-86; Fred A. Shannon, *The Farmer's Last Frontier*, 313.

네브라스카로부터 아이오아로 들어가기도 하였다. 그리하여 1880년 대-90년대 말기 동안 평원지대의 인구수는 오클라호마[36]를 제외한 모든 州에서 감소하였다.[37]

그러나 전술한 채무에 대한 부담에도 불구하고 이주를 하지 않은 농민 수가 더욱 많았다. 특히 이러한 현상은 캔사스 동부 카운티가 두드러졌는데, 이 지역의 농민들은 과중한 이자율과 유질의 위험에도 불구하고 농장을 굳건하게 지켰다. 쉐넌은 특히 이러한 점을 중시하여 캔사스 동부의 농민들이 평원지대 민중주의운동의 핵심이 되었다고 주장하였다.[38] 물론 쉐넌의 견해는 보다 철저히 검증되어야 하겠지만, 캔사스 동부의 농민들이 자립에 대한 의지가 강했을 것이라는 점에서는 필자도 공감하고 있다.

(3) 철도

남북전쟁 이후 급속하게 진행된 산업화와 함께 기업구조에서도 이전의 개인기업이나 가족기업과는 다른 주식회사 즉 대기업이 새로이 등장하였다. 이러한 대기업 중 선구적인 형태를 갖춘 것이 철도회사였다. 사실 철도회사는 그 자체 대기업으로서의 특성을 지닐 수밖에

---

36) 오클라호마는 1880년대 전기까지만 하더라도 백인이 그리 많지 않았으며, 소작인의 비율을 측정할 만한 수치가 없었다. 그리고 캔사스와 텍사스의 많은 농민들이 경제적 자립을 위해 이곳으로 몰려들어 옴으로써, 오클라호마는 양 지역 이주민의 영향을 많이 받게 되었다. Worth R. Miller, *Oklahoma Populism*, 3-6.
37) John D. Hicks, *The Populist Revolt*, 30-32, 84; Fred A. Shannon, *The Farmer's Last Frontier*, 308.
38) Fred A. Shannon, *The Farmer's Last Frontier*, 308-9.

없었는데, 이러한 원인에는 철도건설사업이 막대한 자본투자가 소요
된다는 점과 연방정부와 州정부의 적극적인 지원 없이는 이루어질
수 없기 때문이다. 특히 연방정부는 정부보조금·융자금과 함께 막대
한 국유지를 철도부지로 제공함으로써, 철도건설 붐을 촉진하였다.

당시 농민들도 철도건설에 대해서 적극 환영하였다. 이는 철도가
지닌 교통기관으로서의 이점 – 즉 강이나 바다가 없는 내륙지역에서
의 교통을 원활히 할 수 있고, 선박보다 상대적으로 빠르고 안전했
기 때문이다. 따라서 이러한 철도의 편리성으로 인하여, 정부가 철
도회사에게 국유지를 제공한다는 소식에 대해서도 그리 부정적인
반응이 아니었다. 여기에는 농민들이 철도건설이 막대한 자본이 소
요되는 만큼, 정부의 특혜를 어느 정도는 인정했다는 점도 포함된다.

그중에서도 평원지대의 농민들은 철도건설을 '하늘이 내린 축복'이
라고까지 생각했는데, 이유인즉 철도가 이 지역이 안고 있는 심각한
교통의 문제점을 해결해 줄 수 있기 때문이었다. 즉 철도가 운행되기
이전에는 농산물 운송이 주로 강이나 시내를 통한 선박으로 이루어
져서 이 근처에 살고 있지 않은 사람은 오지(奧地)의 주민을 의미하
였다. 또한 운송 기관이 발달하지 않아서 오지가 많은 평원지대 농민
들은 대부분의 생필품을 손수 만들어야 하는 고충 때문에, 그 어느
것도 전문가가 아닌 만물박사가 되어야 했다.[39] 그러나 이러한 생활
의 편리성보다 더욱 중요한 것은 동부로의 농산물 운송을 보다 쉽게
함으로써 평원지대의 번영을 가져올 수 있다는 기대감이었다.

그러나 평원지대 농민들은 곧 철도에 대한 환영과 기대가 실망과

---

39) Solon J. Buck, *The Agrarian Crusade*(Conn.: Yale Univ. Pr., 1920),
   21-22.

적대감으로 바뀌었다. 왜냐하면 철도가 애초의 기대와는 달리 농민들에게 경제적·정신적으로 큰 고통을 안겨주었기 때문이다. 철도회사에 대한 농민들의 불만은 앞서 언급한 농산물 가격하락·고리(高利)·유질에 대한 불만 못지않았다. 그리고 이러한 요인들은 서로 밀접한 관계에 있었다.

농민들의 철도에 대한 불만 요인에 대해서는 다양한 견해가 있으나, 가장 주요한 것으로 철도요금이 높고 지역 간 편차가 크다는 점을 지적하고 있다. 또한 철도회사의 정치권과 언론계 등을 포함한 매수와 철도부지에 대한 투기 행위 그리고 곡물창고업자와의 결탁도 농민들이 불만을 갖게 된 주요 원인으로 작용하였다.

전술한 농민의 철도에 대한 불만 요인을 좀 더 구체적으로 살펴볼 때, 19세기 전체의 철도요금 추세는 결코 증가한 것이 아니라 계속해서 하락하였다. 그리하여 경제사가 더글라스 C. 노쓰는 이러한 급격한 철도요금의 하락으로 볼 때, 철도요금이 높다는 농민들의 불만은 근거가 없다고 했다.[40] 그러나 이러한 노쓰의 주장은 철도요금이 단지 하락했다는 사실에만 집착하고 19세기 후반의 달러 가치상승과 농산물 가격하락이라는 주변 조건을 도외시한 측면이 있다.[41]

특히 19세기 후반 당시 농산물 가격은 철도요금 이상으로 하락하였다. 당시 동부로 운송하는 데 드는 비용은 농산물 가격의 65-70%에 이르렀으며, 심지어 1부셸의 철도요금이 1부셸의 농산물 가격과

---

40) Douglass C. North, *Growth and Welfare in the American Past*, 139.
41) 노쓰가 주장한 바와 같이 19세기 전체 기간동안 운송 요금은 철도를 비롯한 모든 운송기관이 하락하였다. 그중에서도 선박 요금은 철도보다 훨씬 낮았으며, 이러한 점을 고려하면 철도요금이 다른 운송 기관보다 훨씬 비쌌다고 볼 수도 있다. *Ibid.*, 111-12.

동일할 때도 있었다. 한 예로 네브라스카의 농민들은 옥수수를 생산하고도 이를 시장으로 운송하지 않았는데, 이는 철도요금을 포함한 제반 비용을 고려해볼 때 – 오히려 손해이기 때문이다. 그리하여 이 지역의 농민들은 겨울에 석탄 대신 옥수수를 땔감으로 사용하는 일까지 흔히 있었다.[42] 또한 다코타의 농민들도 밀 생산에 있어서 네브라스카의 옥수수 생산과 유사한 고통을 받았다고 주장하였다.[43]

다음으로 평원지대 농민의 또 다른 불안 요인으로 지역 간 요금 격차를 들 수 있다. 이는 단지 농민들에게 경제적 곤란뿐만 아니라 심리적으로 상당한 스트레스를 안겨 주었다. 즉 이 지역의 철도요금은 여타 지역 특히 동부에 비하여 아주 높았으며, 이는 농민들로 하여금 동부의 산업화와 도시화에 대한 불신감과 상대적 위축감을 가중시켰다. 당시 평원지대의 농산물을 시장까지 운반할 경우, 같은 거리에 해당하는 시카고와 뉴욕 간의 요금보다 최소한 2배에서 3배까지 이르렀다.

이러한 요금 격차의 비율은 19세기 후반부터 1900년에 이르기까지 거의 변하지 않았다.[44] 더불어 평원지대와 인접한 州들과도 요금 격차가 컸으며, 1890년의 네브라스카 – 아이오아 간의 철도요금은 이를 잘 설명해 주고 있다.

---

42) 연동원, "미국 Granger Movement에 관한 일연구 –농민 불만에 관한 분석을 중심으로–" 석사학위논문(동국대학교, 1988), 30-31; John D. Hicks, *The Populist Revolt*, 60; Solon J. Buck, *The Granger Movement*(Nebraska Univ. Pr., 1913), 45-46.
43) Fred A. Shannon, *The Farmer's Last Frontier*, 298.
44) *Ibid.*, 298.

(표-8) 네브라스카 - 아이오아 철도요금(1890년)

(100파운드당/센트)

거리(마일)	1등칸(센트)		2등칸(센트)	
	네브라스카	아이오아	네브라스카	아이오아
25	22	17	10	5.95
100	52	24	30	8
400	110	61	71	25

Source: *Omaha World Herald* Apr. 5. 1890.

(표-8)에서도 보듯이, 1등칸과 2등칸 모두 장거리일수록 요금 격차는 더욱 벌어졌으며, 2등칸의 경우 약 1.75-3.75배의 차이까지 나타났다. 물론 1등칸은 2등칸보다는 덜하지만 100마일의 경우, 2.25배에 달하였다. 이와 같이 지역 간 요금 격차는 동부를 비롯한 평원지대의 인접한 州까지도 현격하게 벌어지고 있다. 이러한 배경에는 거의 독점적으로 운행되는 평원지대의 철도노선을 통해서 동부지역 노선에서 벌어지는 치열한 철도회사 간의 경쟁에서 야기된 손해를 메우기 위해서였다.[45]

19세기 말 당시 평원지대의 대륙횡단 철도망을 살펴보면, 캔사스에

---

45) 한편 노쓰는 지역 간 요금 격차에 대해서도 그리 부정적으로 보지 않았으며, 그러한 근거로 시카고 내의 동부와 서부의 요금 격차를 들었다. 즉 그는 철도규제법이 시행된 시카고 서부보다 동부가 요금이 하락했다는 점을 강조함으로써 농민 불만과는 상관없이 요금이 낮았다는 것을 들었다. 그러나 그가 제시한 근거는 설득력이 희박하다. 왜냐하면 시카고는 동부의 도시로서 여타 지역보다 철도요금이 낮은 지역이며, 한 도시 내의 지역을 동·서로 양분하여 지역 간 요금 격차를 설명한다는 것은 논리성이 결여되기 때문이다. Douglass C. North, *Growth and Welfare in the American Past*, 139.

는 캔사스퍼시픽철도회사와 산타페철도회사가 있었으며, 네브라스카의 유니언퍼시픽철도회사·노스다코타의 노썬퍼시픽철도회사·텍사스의 텍사스앤퍼시픽철도회사 등이 있었다. 물론 이러한 철도회사들은 아무런 경쟁 없이 요금을 설정할 수 있었으며, 이러한 횡포에 대해 정부가 압력을 가한다 하더라도 어느 정도 한계가 있었다.

또한 철도회사는 자사에게 특허권을 부여할 수 있는 주 의회의원과 입법제정자들을 매수하거나 변호인으로 고용하였다. 당시 철도회사의 평원지대에 대한 정치적 영향력은 대단하여, 철도회사에게 반대하는 후보는 공직에 진출하기가 어려울 정도였다. 특히 이러한 현상은 캔사스의 산타페철도회사와 네브라스카의 버링턴앤유니언퍼시픽철도회사에서 두드러졌다.[46] 예를 들어 네브라스카에서는 공화당·민주당 구분 없이 많은 정치인들이 철도회사와 밀접한 이해관계를 갖고 있었다. 공화당의 철도회사 옹호자인 John M. Thurston은 유니언퍼시픽철도회사의 카운셀러였으며, Church Howe는 미조리퍼시픽철도회사의 사장이었다. J. Sterling Morton과 George S. Miller는 민주당의 대표적인 철도회사 지지자로서, 각기 버링턴철도회사와 유니언퍼시픽철도회사와 이해관계를 맺고 있었다.[47] 그리하여 일부 정치인들이 철도 문제를 비롯한 개혁정책을 추진했음에도 불구하고, 계속해서 입법화하지는 못하였다.[48] 특히 네브라스카의

---

46) 안윤모, "도넬리와 미국 민중주의운동" 박사학위논문(이화여자대학교, 1987), 14.
47) Stanley B. Parsons, *The Populist Context*, 4-10, 14-16.
48) 철도회사를 옹호하는 정치인들은 철도 개혁법이 자본투자를 위축시킬 것이라고 반대한 반면, 反독점을 강조하는 정치인들은 개혁정책을 더욱 철저히 할 것을 촉구하였다. 이들은 철도회사가 자신의 개혁안을

입법부에서 제반 개혁안을 부결한 것이 그 다음해인 1890년에 민중 주의운동을 촉진하는 주요한 원인이 되었다고 제프리 오슬러는 주장 하였다.[49)]

철도회사의 매수방법으로는 무임승차가 가장 흔히 사용되었으며, 대상범위는 상원의원·판사와 같은 고위 관직으로부터 읍의 말단행 정 사무원에 이르기까지 아주 광범위하였다. 이 밖에도 여론에 민감 하여 신문 편집자 혹은 성직자들에게도 무임승차가 제공되기도 하 였다.[50)] 이러한 무임승차에 대한 대상과 그 목적을 볼 때, 농민들이 강력하게 반발한 것은 당연한 일이었다.[51)]

좌절시키고자 입법제정자들을 매수하고 타락선거를 주도했다고 비난 하였다. 대표적인 인물로는 Edward Rosewater로서, 그는 공화당원이 자 《Omaha Bee》紙 편집장이었다. 그는 1887년 유니언퍼시픽철도회 사의 부패사항들을 상원위원회에 보고하면서, 철도회사의 리베이트· 금권선거·무임승차 등을 지적하였다. 또한 철도회사를 옹호하는 공화 당원은 매수당한 사람들로서, 일반적인 공화당원과 구별하여 일명 '철 도 공화당원'이라고 규정하였다. 그리하여 공화당은 '철도 공화당원'과 '反철도 공화당원'으로 구분된다고 주장하였다.

이 밖에도 Charles H. Van Wyck도 Rosewater와 함께 개혁정책을 적 극 추진했으며, 공화당 출신의 주지사 John M. Thayer도 1889년 철도 개혁을 단행하려 했으나 큰 성과는 거두지 못하였다. Stanley B. Parsons, *The Populist Context*, 4-6; Jeffrey Ostler, *Prairie Populism*, 87-88.

49) Jeffrey Ostler, *Prairie Populism*, 89-90.
50) Solon J. Buck, *The Agrarian Crusade*, 13; Fred A. Shannon, *The Farmer's Last Frontier*, 176, 302.
51) 농민들의 철도회사에 대한 강력한 반발은 이후, 1870년대에 그렌져 법(Granger Law)의 제정으로 나타났다. 연동원, "미국 Granger Movement에 관한 일연구", 33.

정부의 철도회사에 대한 철도부지 제공에 대해서도 농민들은 반발하였다. 처음에는 농민들이 정부의 토지 제공을 대체로 인정하는 입장이었으나, 이러한 토지가 철도건설이라는 순수한 목적 이외의 투기 목적으로 변용되었기 때문이다.[52] 즉 철도회사는 정부로부터 무상 혹은 싼값으로 막대한 토지를 제공받고 종종 부동산업자들에게 다시 되팔았던 것이다. 그리하여 농민들은 이전보다 토지를 더욱 비싼 가격으로 구입해야 했으며, 존 D. 힉스의 주장대로 이제 농민들은 토지 때문에 굶주리게 되었다.[53]

더불어 철도회사는 농민들로 하여금 자사가 지정한 곡물창고를 이용토록 압력을 넣었는데, 여기에는 철도회사와 곡물창고업자 간의 뒷거래가 있었다. 즉 양자 간의 계약에는 커미션이 뒤따랐으며, 이에 대한 실제 부담은 농민에게 있었던 것이다. 쉐넌은 이러한 철도회사의 행위를 두고서, '농민에 대한 도둑질이자 용서할 수 없는 행동'이라고 일갈했다.

---

52) 노쓰는 철도부지에 대해서 아주 긍정적으로 평가하였다. 그는 철도건설이 막대한 자본이 소요되는 만큼 파산의 위험성이 있음으로 해서, 정부가 철도회사에게 토지 제공을 비롯한 여러 혜택을 주는 것은 당연한 것으로 간주하였다. 그러나 그는 철도회사가 철도부지를 얻는 과정과 토지를 원래 목적과는 달리 부동산 투기로 이용하고, 이로 인하여 지가(地價)가 상승함으로써 농민들이 토지를 구입하기 어려워졌다는 점을 전혀 언급하지 않았다. 그리하여 그의 주장은 철도회사의 긍정적인 면만 고려한 논리를 전개했다고 볼 수 있다. Douglass C. North, *Growth and Welfare in the American Past*, 134-36.

53) John D. Hicks, *The Populist Revolt*, 72.

Ⅲ. 민중주의 이전 농민운동

19세기 후반의 농촌 현황 특히 평원지대의 농민들은 경제적으로 큰 고통을 받고 있었다. 이러한 배경에는 국제시장의 농산물 가격하락이라는 해외 요인과 함께 高利·유질·철도회사의 횡포 등과 같은 국내 요소도 있었다. 여기서 농민들은 자신들이 빈곤한 원인을 전자보다는 후자의 국내적인 요소에 초점을 맞추어 불만을 표출하였으며, 이는 곧 집단적인 농민운동으로 발전하게 되었다.

19세기 후반에 일어난 일련의 그렌져운동·그린백운동·농민동맹 그리고 민중주의운동을 살펴보면, 공통적으로 평원지대와 남부의 주요 농산물지대였다. 그리고 이 운동은 처음에는 주로 그렌져운동과 같은 경제적인 면에 중점을 두고 정치적인 면을 가급적 배재시키는 농업협동조합의 성격을 갖고 있는 단체들로 출발하였다. 그러나 이러한 농민운동의 성격은 서서히 경제적인 면 이상으로 정치적인 면을 강조하는 것으로 전환되었다. 특히 민중주의운동이 일어난 1890년대 초에 이르러서는 농민들이 민중당 창당과 같이 정치적으로 해결하는 것만이 경제적인 목표를 이루는 근간이라고 믿게까지 되었다.

그럼 이와 같이 농민운동의 성격이 변하게 된 배경은 어디에 있을까? 이를 알아보기 위해서는 19세기 후반의 여러 농민운동의 성격을 규명할 필요성이 있다. 더불어 평원지대와 남부 간의 남북전쟁 종전부터 1880년대 말 즉 민중주의운동이 일어나기 전까지의 양 지역의 농민운동 전개 상황을 살펴봄으로써, 민중주의운동과 그 이전에 등장한 농민운동들 간의 성격과 특성을 구분할 수 있다.

1. 그렌져운동(Granger Movement)

남북전쟁 종전 직후, 앤드류 존슨 대통령은 남부를 비롯한 농촌지
대의 곤궁함에 대한 잇따른 보고를 접하고, 농무성으로 하여금 남부
농촌의 실상을 조사토록 명하였다. 그리고 올리버 H. 켈리(Oliver H.
Kelley)라는 농무성 관리가 조사단의 의장으로 선출되어, 1866년 1
월부터 약 3개월간에 걸쳐 공무를 수행하였다.

켈리는 남부 농촌을 돌아보면서 농민들의 곤궁함에 충격을 받고,
농민을 위한 단체를 설립하기로 구상하였다. 그는 그의 질녀 Carrie
Hall과 절친한 친구들과 함께 농민단체 설립을 적극 추진했으며,
1867년 12월 4일 워싱턴에서 처음으로 '농민공제조합(Patrons of
Husbandry)' 혹은 '그렌지'(Grange)라는 명칭의 단체가 설립되었다.
그들의 적극적인 홍보활동에 힘입어 1868년 5월경 아이오아의
Newton에서 이 단체 지부가 결성됨으로써, 전국적인 조직 확산의
첫발을 내딛었다.[1]

---

1) 처음에는 이 단체의 명칭을 Patrons of Husbandry로 하였으나, 이후
  Grange가 동의어로써 주로 사용되었다. Grange의 어원은 곡물(grain)을
  의미하는 라틴어 'granum'에서 비롯되었다. 당시 Oliver H. Kelley는 동
  료인 William Sonders · Rev. John Trimble · John R. Thompson ·
  William M. Ireland 등과 함께 1867년 12월 4일 Grange를 공식적으로 설
  립하였다. 연동원, "미국 Granger Movement에 관한 일연구", 2-4:
  Charles M. Gardner, *The Grange-Friend of the Farmer 1867-1901*
  (Washington, D.C.:The National Grange, 1984), 518.

이와 같이 그렌져운동은 처음에는 농민들이 아닌 농무성의 한 관리와 그의 동료들에 의해서 추진되었다. 그리고 이 운동은 설립된 지 몇 년이 안 되서 전국적인 단체로 확산되었는데, 이는 켈리를 비롯한 설립자들의 적극적인 홍보활동과 농민들의 참여 의식이 부합되었기 때문이다. 더불어 설립자와 농민(즉 그렌지 평회원을 비롯한 일반 농민) 간에는 '농민의 빈곤추방'이라는 공통된 목표를 갖고 있었다. 그러나 한편으로 양자는 이러한 공통된 목표에도 불구하고, '빈곤추방'을 위한 치유책에 있어서 상이한 시각을 갖고 있었다.[2]

즉 켈리를 비롯한 설립자들은 빈곤의 원인을 '농민의 사회적·지적 활동의 부족'에서 비롯되었다고 본 반면, 농민들은 '외부적인 요인' 즉 중간상인의 농산물 가격 농간·담보회사를 비롯한 채권자들의 高利 그리고 철도회사의 횡포 등에서 찾았던 것이다. 특히 농민들은 그렌지에 참여할 때, "어떠한 이익이 돌아오는가?"가 주된 관심사였다. 그러므로 그렌져운동은 설립자와 농민 간의 입장과 시각 차이에 따라서 한편에서는 사회·교육 활동[3]을, 다른 한편에서는

---

2) 연동원, "미국 Granger Movement에 관한 일연구", 5.
3) 그렌지의 사회활동은 농민 간의 교류와 안목을 넓힌다는 취지하에서 시작되었으며, 주로 지역그렌지회의(local grange meeting)를 통하여 빈번하게 모임을 가졌다. 그리고 이와는 별도로 야유회나 마을 축제를 자주 개최하고 타 지역의 농민들을 초청하여 상호간에 우호를 증진시켰다. 또한 그렌지는 그렌지신문 발행과 도서관 건립 등을 통하여 농민 교육에 힘썼으며, 이와 병행하여 농민자녀들의 학업 문제에도 관심을 가졌다. 한 예로 그렌지 지부가 있는 지역의 학교에서는 농업 과목을 교과과정으로 채택하였으며, 그렌지학교를 설립하기도 했다. 1870년대의 평원지대의 대표적인 농업신문으로는 *Kansas Farmer·Nebraska Patron·Texas Patron* 등이 있다. Solon J. Buck, *The Granger*

농민의 경제적 이익을 보호하는 활동으로 양분되었다.

여기서 그렌지의 경제활동을 살펴보면, 가장 대표적인 것이 농산물의 공동 판매와 각종 물품의 할인 구매와 같은 협동조합사업이었다. 그리고 이러한 사업은 농민들로부터 놀라운 호응을 불러일으킬 정도로 큰 이익을 가져왔다. 한 예로, 수확기를 구매하는 데 있어서 소매 가격이 250달러였으나, 그렌지를 통해서는 140달러에 구입할 수 있었다. 그리하여 농민들은 그렌지를 통하여 연간 생필품을 적어도 15%, 농기구는 20%를 절약할 수 있었다. 더불어 1873년 3월에 설립된 캔사스농업협동협회(Farmers' Cooperative Association of Kansas)에서는 농산물 가격 조정·단체구입·운송비용 인하와 통제 등의 목표를 지니고 있었다.[4]

그렌지는 농민들이 高利로 인하여 농장이 유질되는 것을 막기 위하여 그렌지은행과 그렌지담보회사(Grangers' Mortgage)를 설립하였다. 한 예로, 1874년 캘리포니아 최초의 그렌지은행은 '농민의 토지 보호'를 목적으로 설립되었던바, 대부조건은 동부의 도시민과 같은 낮은 수준의 이자율을 적용하였다. 더불어 이 은행은 농산물 시장이 불황일 때에는 농민들에게 값싼 이자의 대부를 해주고, 농산물 가격이 상승했을 때-이를 갚도록 하였다. 따라서 농민들은 많은 돈을 절약할 수 있었으며, 이 점으로 인하여 이 은행은 단시일 내에 전국으로 확산되었다. 특히 1883년 캔사스의 Olathe에 개설된 그렌

Movement: A Study of Agricultural Organization and Its Political, Economic, and Social Manifestations, 1870-1880(Nebraska Univ. Pr., 1913), 324, 326, 328: 연동원, "미국 Granger Movement에 관한 일연구", 9-17.

4) Solon J. Buck, The Granger Movement, 77.

지은행은 전술한 취지를 살린 가장 성공한 경우였다.[5]

그렌지은행과 함께 그렌지보험회사도 농민들의 이익을 보호하는 데 큰 역할을 하였다. 이 회사의 보험료는 여타 보험회사보다 아주 낮았으며, 그중에서도 화재보험이 가장 큰 성공을 거두었다. 한 예로 1874년 캔사스에 개설된 화재보험회사는 원래의 설립 취지인 농민에 대한 편의 제공을 넘어서서 영리사업 형태로 탈바꿈하는 등 전국적으로 붐이 일었다. 이 보험회사는 그 수가 너무도 급격히 증가하여 연방그렌지에서 읍이나 군 단위로 한 개의 회사 설립만을 허용한다는 규제 조항을 둘 정도였다.[6]

그렌져운동의 또 다른 대표적 활동으로 그렌져법의 제정을 들 수 있다. 이는 일종의 철도회사에 대한 통제 조치로서, 이 법이 제정된 데에는 일리노이의 스프링필드에 모인 그렌지 대표자들이 입법부에 철도회사에 대한 강력한 규제조치를 요구한 데서 비롯되었다. 이 법이 시행된 곳은 주요 농산물지대인 아이오아·일리노이·미네소타였다.[7] 그러나 당시 평원지대 농민들은 그렌져법에 대해서 반대 입장을 취하고 있었다. 특히 캔사스와 네브라스카의 농민들은 철도 규제안에 대해서 거의 관심을 갖지 않았는데, 이는 이 지역이 그렌져법이 시행된 州들과는 달리 철도 건설이 그리 없었기 때문이다.[8] 그러나 이들 州도 철도가 상당수 운행된 이후에는 어느 지역 못지

---

5) *Ibid.*, 271.
6) 그렌지의 보험회사 중 화재보험과 생명보험은 현재도 활동을 하고 있다. *Ibid.*, 272.
7) George H. Miller, *Railroads and the Granger Laws*(Univ. of Wisconsin Pr., 1971) 참조.
8) Solon J. Buck, *The Granger Movement*, 196.

않게 철도회사에 대해서 불만을 표출하였다. 더불어 텍사스에서는 철도 규제에 대한 그렌지의 활동이 두드러졌으며, 이는 1876년 · 1879년 · 1882년 계속해서 최고요금에 관한 그렌져법을 통과시킨 점에서 잘 나타나고 있다.[9]

그렌져법의 기본 전제는 철도회사들의 지역 간 혹은 개인 간의 요금차별은 위법이며, 철도회사가 이를 인정하지 않을 경우에는 차별요금이 정당하다는 분명한 증거를 제시해야 한다는 것이었다. 그리고 철도회사가 이를 위반했을 시, 처음에는 1천-5천 달러의 벌금을 물고 4번 이상일 경우에는 2만5천 달러의 벌금을 내야 한다. 철도회사는 피해자에게 손해액의 3배를 지급해야 하며, 피해자의 소송비용까지 일체 부담하도록 되어 있다. 철도위원회는 이 법을 위반하는 철도회사들에 대하여 의무적으로 즉각 소송을 제기해야 한다는 조항을 두고 있는데, 이는 농민들이 철도회사로부터 보복당하는 것을 방지하는 데 목적이 있었다. 또한 철도위원회는 철도회사가 설정한 승객요금과 화물요금에 대해 최고요금을 결정하며, 철도회사가 이의를 제기할 경우, 이에 부합되는 분명한 증거를 제시해야 한다는 조항을 두었다.[10]

이와 같이 그렌지의 다양한 사업과 활동 그리고 농민들의 적극적인 호응으로, 이 단체는 미국 최초로 전국적인 농민운동 단체로 성장하였다. 그리고 이 운동은 평원지대와 남부에서도 전개되었으나, 그보다는 아이오아 · 일리노이 · 위스콘신 · 미네소타에서 더욱 활발한 활동을 보였다. 당시 이들 州는 전국적인 주요 농산물지대였

---

9) *Ibid.*, 202-3.
10) *Ibid.*, 147-48.

다.[11] 한편 1870년대 초기 당시 평원지대에서는 캔사스와 네브라스카가 주요 농산물지대에 포함되고 있었다.

전국적으로 거의 모든 州에 걸쳐 그렌지 지부가 설립되었던 1873년 5월 당시의 그렌지 지부의 통계를 살펴보면, 아이오아가 1,507개로 가장 많으며, 일리노이·미네소타·위스콘신이 그 뒤를 이었다. 그러나 평원지대도 그렌지 지부 수가 급격하게 증가하였으며, 이 지역의 1873-75년간의 그렌지 지부의 통계는 이를 잘 나타내고 있다.[12]

(표-9) 평원지대 그렌지 지부 통계(1873-1875년)

州	1873년 5월	1873년 10월	1874년 3월	1875년 1월
캔 사 스	128	596	1073	1332
네브라스카	100	331	504	592
다 코 타	8	25	47	56
텍 사 스	......	25	62	916

Source: Solon J. Buck, *The Granger Movement*, 58-59.

캔사스와 네브라스카는 1872년 州그렌지(State Grange)가 설립된 이후, (표-9)에서 보듯이 그렌지 지부 수가 1873년 5월부터 1875년 1월까지 즉 1년 6개월 만에 각각 10배와 6배의 증가율을 보이고 있다. 특히 캔사스는 농민 84명당 1개의 그렌지 지부가 설립되었으며, 이 州의 농민들 중 4분의 3이 회원이었다.[13]

---

11) 쉐넌이 제시한 주요 밀·옥수수 지대 현황에 관한 도표 참조. Fred A. Shannon, *The Farmer's Last Frontier*, 163.
12) Solon J. Buck, *The Granger Movement*, 58-59.
13) *Ibid.*, 54-55, 58-59, 67.

그러나 단기간 내에 전국적으로 성장한 그렌져운동은 1870년대 중반을 정점으로 하여, 점차 쇠퇴하게 되었다. 이 운동이 쇠퇴하게 된 데에는 여러 다양한 원인이 있었으나, 가장 직접적인 요인으로 그렌지가 농기계 공장과 같은 대규모 자본을 요구하는 사업에 직접 자본을 투자하고 경영까지 했다는 점을 들 수 있다.

사실 그렌지는 처음부터 농기계 생산업에 직접 참여할 생각은 없었으며, 단지 농기계 회사 간의 가격경쟁을 유도함으로써 더욱 값싼 구매를 하려고 했다. 그러나 농기계 회사 간의 가격 담합과 함께 그렌지가 요구한 가격인하 조건을 무시하자, 어떤 타협점을 찾기보다는 각 州의 州그렌지를 통하여 자본을 투자하고 州 단위로 농기계 생산 회사를 설립하기로 맞섰다. 아마도 그렌지가 이러한 대응방식을 취한 것은 여타 사업 분야에서 잇따른 성공으로 인한 지나친 자신감에서 비롯된 것 같으며, 그것이 돌이킬 수 없는 화근이자 결과로 돌아왔다.

즉 그렌지는 농기계 회사 이외에도 여러 제조업에 참여했으나, 처음부터 이 사업들은 실패를 거듭하였다. 더욱이 이러한 사업을 하는 데에는 막대한 자본이 소요됨으로써 그렌지 조직 전체에 심각한 자금난에 직면케 하였으며, 결국 이러한 사태는 다른 사업에도 도미노 현상을 불러일으켰다.[14] 또한 그렌지에 가입한 많은 농민들이 농기

---

14) Solon J. Buck는 그렌지의 농기계 사업 실패 원인으로, 그렌지의 협동 사업과 미국의 농촌 생활 조건이 양립하지 못했던 것을 지적하였다. 즉 협동사업은 서로 의존하고, 참을성과 통찰력이 수반되어야 하는 데 반하여, 미국의 농민들은 독립적이며·자기 의존적이며·의심이 많은 성격을 가지고 있었다. 더불어 그렌지 회원인 농민들은 고립된 농장에서 살고 사업 경험이 없었기 때문에, 노련한 사업가들과 경쟁한다는 것은 아주 불리하였다. 이와 함께 농민들은 시장에서 기존의 농기계

계 회사와 여타 제조업의 실패로 인하여 회원으로서의 혜택이 예전
과 달라지자, 연회비조차 내려하지 않았다.

이 밖에도 그렌지가 쇠퇴한 원인으로 정치력의 부재를 들 수 있
다.[15] 즉 그렌지강령[16]에서도 밝혔듯이 이 운동은 가급적 非정치성
을 띠었으며, 이로 인하여 한계가 드러났던 것이다. 한 예로 농민들
이 아무리 자신들의 입장을 지지해주는 후보자를 선출시킨다고 할
지라도, 후보자 자신의 이해관계가 농민들과 일치하지 않는 이상 확
실한 보장이 없었다. 그리하여 농민들은 자신들이 지지한 후보가 선
출된 이후, 종종 자신의 투표에 대하여 후회했다. 그 한 예가 그렌
져법의 폐지이며, 이는 철도회사의 로비와 정치인들의 선거자금 필
요성이 맞물린 경우였다.

생산업자들을 몰아낼 정도로 기술 향상이나 그 밖의 요건(즉 풍부한
자본이나 사업 경영의 노하우)을 갖추고 있지 못하였다. 그리고 대리
점 없이 판매하는 제도도 불리한 점으로 작용하였는데, 이는 만일 기
계가 작동하지 않거나 농민이 이 기계를 사용하는 방법을 모를 때에
는 아무도 이를 해결해 주는 사람이 없었기 때문이다. 이와는 달리 기
존의 판매 유형은 각 지역의 대리점에서 이러한 문제점을 해결해 줄
수 있었다. 그리하여 그렌지회사는 점차 구매자로부터 많은 불만을 들
었으며, 판매량도 급감하였다. *Ibid.*, 274-75.

15) 이 밖에도 그렌져운동이 쇠퇴한 요인으로는 농민 이외의 사람들을 그
렌지 회원으로 가입시킨 점을 들 수 있다. 즉 농민과는 이해가 상반된
철도 관계자나 고리대금업자들이 그렌지에 가입한 이후, 회원들 간에
분열이 조장되었다. *Ibid.*, 70-73.

16) "그렌지는 정치단체 혹은 정당이 아니며, 정치문제를 논의하지 않는다.
따라서 정치집회도 소집할 수 없으며, 후보를 추천할 수도 없고, 심지
어 이러한 모임의 성격을 논의할 수조차 없다. …… 만일 이러한 원칙
들이 잘 수행된다면, 미국의 정치는 더욱 순수해질 것이다." Charles
M. Gardner, *The Grange-Friend of the Farmer 1867-1901*, 518.

따라서 농민운동이 성공을 거두기 위해서는 농민들의 불만을 정책 결정에 반영할 수 있는 강력한 정치력이 필요했다. 그리고 이러한 정치력의 정점은 농민의 이익을 최우선으로 대변해 줄 수 있는 정당이어야 했으며, 1890년대의 민중당은 바로 이러한 점을 잘 반영하고 있다.

더불어 그렌져운동이 1870년대 중반 이후 쇠퇴했다고 할지라도 결코 실패한 것으로 간주할 수는 없다. 왜냐하면 그렌지의 조직유형은 이후 다른 농민단체에 그대로 이어졌으며, 그중에는 농민동맹도 포함되기 때문이다. 또한 로치데일원칙(Rochdale Principles)[17]을 그렌지에 철저하게 적용한 이후, 1880년대 초반 캔사스를 비롯한 평원지대와 남부에서 다시금 그렌지의 활동이 활발해졌다.

2. 그린백운동(Greenback Movement)

그렌져운동이 1870년대 중반 이후 급격히 쇠퇴하면서 새로운 형태의 농민운동이 전개되었는데, 이는 통화팽창에 목적을 둔 그린백운동이다. 사실 통화 문제는 농민들의 농산물 가격하락·高利·유질에 대한 불만과 불가분의 관계에 있는 것으로, 이러한 문제가 나타나게 된 배경은 연방정부의 통화정책 전환에서 비롯되었다.

---

17) 로치데일원칙의 항목으로는 조합 공개(Open Membership)·민주적 관리(Democratic Control)·利用高에 의한 분배(Dividend on Purchase)·자본에 대한 이자제한(Limited Interest on Capital)·정치 및 종교상의 중립(Political and Religious Neutrality)·교육증진(Promotion of Education)·시가판매와 현금판매(Sale at Market Price & Cash Trading) 등이 있다. 구재서,『농업협동조합론』(서울: 선진문화사, 1984), 115-23.

즉 금본위제에 입각한 미국은 남북전쟁의 발발과 함께 금화는 거의 볼 수 없게 되었으며, 그 대신 지폐만이 유통되었다. 이는 정부가 전쟁이 계속되는 동안 엄청난 부채를 지게 됨에 따라, 연방은행권(national bank note)·주립은행권(state bank note) 등의 지폐와 공채를 발행하여 전비(戰費)를 마련코자 했기 때문이다. 또한 은화가 유통되었는데, 이는 5달러 미만의 액수에 한하였다. (1879년에는 그 한계는 10달러가 되었다.) 따라서 지폐는 실질가치가 이전의 금화에 비하여 훨씬 떨어졌으며, 전쟁으로 인한 인플레이션을 한층 심화시켰다.[18]

이와 같이 물가는 지폐의 불안정성과 소비재 부족 등으로 계속해서 상승하였으며, 이는 노동자의 평균 임금을 상회하였다. 1865년 당시의 물가와 임금을 비교해보면, 임금은 전쟁 이전에 비하여 50% 정도 올랐으나, 물가는 2배 이상이나 되었다. 당시 농민들은 경작지를 확장코자 은행이나 담보회사 등을 통하여 대부를 얻었는데, 이는 농산물 가격의 상승과 많은 사람들이 전쟁에 참여함으로써 일손이 모자라고 토지가 많이 남게 되었기 때문이다.[19]

그러나 종전 이후, 연방정부는 심화된 인플레이션으로부터 물가를 안정시키기 위해서 그리고 금융업자와 산업자본가들의 이권보호와 산업팽창을 위하여 금본위제를 위주로 한 통화수축정책으로 전환하였다. 왜냐하면 당시 미국의 금융업자와 산업자본가의 이익은 금본위제의 회복과 밀접한 관계에 있었기 때문이다. 외국 자본의 원조로 미국 산업이 급속히 팽창하면 막대한 이익을 볼 수 있으며, 외국 투

---

18) Anna Rochester, *The Populist Movement in the United States*(N.Y.: International Publishers, 1943), 24.
19) *Ibid.*, 25.

자가들의 자본을 끌어들이기 위해서는 미국이 안정된 통화뿐만 아니라 국제적으로 의존하는 통화 수단이 필요하였다. 따라서 지폐 대신 금본위제의 정책은 산업의 팽창을 증진시키고 금융을 마음대로 조정하고자 하는 소수 특권층의 이익을 반영했다고 볼 수 있다.[20]

그리하여 연방정부는 1868년에 전쟁 기간동안 발행되었던 그린백(greenback) 지폐를 통용하지 못하도록 하였으며, 1873년에는 '1873년의 죄악'이라고 불리는 '은화주조의 폐지'까지 단행하였다.[21] 그러나 이러한 정책 전환은 농민들로 하여금 이중의 고통을 안겨 주었다. 즉 금본위 체제하에서 지폐와 은화가 유통되지 않아 물가가 하락했을 때, 은행과 담보회사와 같은 채권자들과 채권 소유자들은 이익을 보는 반면, 농민에게는 채무의 부담이 가중되기 때문이다. 바로 이러한 상황에서 농민들은 통화를 늘림으로써 농산물 가격의 상승과 채무 부담을 경감시키고자 그린백운동에 적극적으로 참여하였으며, 이를 정치화한 것이 그린백당(Greenback Party)이다.[22]

그린백운동에는 농민 못지않게 노동자들도 많이 참여하였다. 즉 노동자들도 현재의 통화제도는 급속한 자본의 집중을 초래할 뿐, 노동자의 권익을 보호하지 못하고 있다고 보았다. 그리고 이러한 자본

---

20) *Ibid.*, 25.
21) 특히 은화주조의 금지는 많은 논쟁을 불러일으켜, Bland-Allison Act(1877년) · Sherman Silver Purchase Act(1890년)가 나오기도 하였다. 그리고 1890년대에 들어서는 바로 '은화주조'가 정치권의 가장 중요한 핵심사항이 되었다.
22) Solon J. Buck는 그린백운동이 일어나게 된 배경을 그렌져운동의 쇠퇴와 불황에서 찾고 있다. 즉 농민들 자신이 처한 제반 문제를 통화팽창운동으로 해결하려 했다는 것이다. Solon J. Buck, *The Granger Movement*, 101-2; Solon J. Buck, The Agrarian Crusade, 77-81.

집중으로, 노동자 자신뿐만 아니라 미국의 모든 진정한 생산자들이 공정한 '富의 분배'를 받지 못하고 있다고 주장하였다.

그리하여 노동자들은 정부가 정확한 가치기준을 설정해야만 노동의 열매를 공정하게 받을 수 있다고 보았으며, 이러한 가치기준은 바로 통화팽창을 의미하였다. 노동자들은 통화량을 팽창시킴으로써 큰 이익을 얻을 수 있다고 믿었을 뿐만 아니라, 정부가 통화량의 팽창은 물론 낮은 금리로 지폐를 공급함으로써 국민의 재산에 대하여 막대한 권력을 가질 수 있다고 생각하였다.[23] 그러나 한편으로 이 운동에 참여하기를 반대하는 노동자도 상당수 있었는데, 이들은 주로 직능별 노동조합의 숙련 노동자였다.[24]

그린백운동은 말 그대로 '그린백'이라는 지폐의 의미 즉 정부가 최소의 비용을 들여 지폐를 원하는 대로 발행하고 이를 농민들이 소유한다는 것이다. 그리고 그린백주의자의 견해에 의하면, 지폐가 그 자체의 상품가치가 거의 없기 때문에 실질가치에 대한 혼란을 피할 수 있을 뿐만 아니라 많은 사람들에게 富가 잘못 분배되는 것을 막을 수 있다고 하였다. 지폐의 가치는 연방정부의 신뢰도에 의존함으로써 국가가 富를 생산해 낼 수 있는 능력에 달려 있다고 주

---

23) 안윤모, "미국의 민중주의운동과 노동자 문제(1886-1896)", 『인문사회과학논총』 7집(서울여자대학교, 1992), 189.
24) 직능별 노동조합의 숙련 노동자들은 노동 정당이나 사회 개혁 차원의 노동운동이 아닌, 공화·민주 양당 체제하에서 임금 상승·노동시간 단축·노동조건 개선 등과 같은 즉각적이고 실제적인 목적 달성에 주력하였다. 그리고 이러한 성향은 1886년 노동총연맹(American Federation of Labor)에 의해 계승되었다. 이주영, 『미국 경제사 개설』, 144-47.

장하였다. 더불어 '1873년의 공황'의 원인이 통화의 부족이라고 보았
으며, 정부가 지폐를 통한 통화팽창으로 이러한 불황을 극복할 수
있었다고 보았다.[25] 그 밖에도 Chester M. Destler는 그린백운동의
초기형태를 도시 노동자의 활동으로부터 살펴보기도 하였다.[26]

그린백당을 조직하기 위한 최초의 시도는 1874년 인디아나폴리스
에서 열린 독립당(Independent Party)회의였으며,[27] 1875년 3월 11
일 Cleveland에서 비로소 그린백당이 창당되었다. 그리고 1876년 5
월 인디아나폴리스 전당대회에서는 18개 州에서 240명의 대표자들
이 참석한 가운데, Peter Cooper를 대통령 후보로 · Samuel F. Cary
를 부통령 후보로 지명하였다. 그리고 그린백당은 1873년의 태환법
(兌換法)을 폐지하고, 지폐가 모든 것을 위한 완전한 법화(法貨)가
되어야 하며, 금의 매입을 반대함으로써 과중한 세 부담을 줄이자는
내용의 강령을 채택하였다.[28] 1878년에 들어서 그린백당은 전국적
으로 9분의 1에 달하는 약 100만 표를 얻고 15명이 하원의원으로

---

25) 안윤모, "도넬리와 미국 민중주의운동", 35.
26) Chester M. Destler의 견해에 의하면, 그린백운동의 초기 형태는 도시
    노동자들이 당시의 상업자본주의와 산업자본주의를 대체하는 수단으
    로 서부의 통화팽창 제안과 동부의 급진주의적 철학을 적용하여 일종
    의 협동조합적 경제(cooperative economy)를 이루고자 한 데서 비롯되
    었다고 보았다. Chester M. Destler, *American Radicalim, 1865-1901:
    Essays and Documents*(Univ. of Chicago Pr., 1966), 222; Robert C.
    McMath, Jr., *American Populism*, 64-65.
27) 이곳에서 '저금리의 채권과 상환할 수 있는 지폐의 발행'을 주요 강령
    으로 채택하였다. Anna Rochester, *The Populist Movement in the
    United States*, 29-30.
28) 안윤모, "도넬리와 미국 민중주의운동", 38; Solon J. Buck, *The
    Agrarian Crusade*, 81.

당선되었다.

그러나 이 운동도 1880년에 들어서 물가가 비교적 높아지고 농민들의 통화 문제에 대한 관심이 줄어들면서, 세력이 약화되었다. 1878년 그린백당에 표를 던졌던 농민들은 이제는 자신들이 이전에 지지했던 기존 정당에 투표하였다. 당시 그린백당 대통령 후보 제임스 B. 위버(James B. Weaver)는 1878년 선거의 득표수와 비교해볼 때 3분의 1도 얻지 못했으며, 심지어 1884년의 선거에서는 대통령 후보 Benjamin F. Butler가 1880년의 위버와 비교하여 3분의 1밖에 표를 얻는 데 그쳤다.[29]

그럼에도 그린백운동은 이후 등장한 농민동맹과 민중주의운동에 적지 않은 영향을 끼쳤다는 점에서 큰 성과가 있었다. 한 예로, 그린백운동의 중심지는 이후 농민동맹이 결성된 지역으로서, 농민동맹이 가장 활발히 전개된 텍사스의 Lampass County는 1878년에 그린백당 지부가 설립된 곳이었다.

그린백당은 William Poster·S. O. Dos와 같은 농민동맹 지도자들로 하여금 텍사스 지역의 그린백당 지부 결성과 홍보를 맡기는 등, 농민동맹과 매우 우호적인 관계에 있었다.[30] 또한 그린백당원 헨리 빈센트(Henry Vincent)도 캔사스 농민들을 농민동맹으로 끌어들이

---

29) Anna Rochester, *The Populist Movement in the United States,* 32-33.
30) 맥매쓰의 견해에 의하면, 텍사스의 Wise County와 Parker County는 농민동맹이 결성된 지역인 동시에 그린백운동의 중심지라고 하였다. 또한 이 州의 농민동맹 지도자인 Charles W. Macune도 그린백주의에 많은 영향을 받았다고 하였다. Robert C. McMath, Jr., *American Populism,* 81-82.

는 데 주요한 역할을 하는 등, 평원지대에 농민동맹이 설립되는 데
있어서 그린백주의자들의 적극적인 활동이 있었다.[31]

다음으로 그린백운동은 민중주의운동과도 밀접한 관계에 있었던
바, 그린백당 지도자들이 민중당 결성에서 주요한 역할을 하였다.[32]
또한 그린백 강령과 민중주의원칙을 나타내는 오마하강령을 비교해
볼 때, 단지 지폐와 은화라는 차이만 있을 뿐, '통화팽창'이라는 공
통된 목표를 갖고 있다는 점에서 양자 간에는 중요한 연관성이 있
다고 볼 수 있다.

3. 농민동맹(Farmers' Alliance)

그린백운동이 1878년을 정점으로 급격히 쇠퇴하면서, 농민동맹・
Farmers Mutual Benefit Association・Farmers' League 등의 새로
운 형태의 농민운동이 일어났으며, 그중에서도 농민동맹은 평원지대
와 남부 양 지역에서 다른 농민운동 단체를 흡수하였다.[33] 농민동

---

31) *Ibid.*, 105.
32) 예를 들어, 제임스 B. 위버는 1880년 그린백당의 대통령 후보였던 동
시에 1892년 민중당의 대통령 후보였으며, 캔사스의 Jerry Simpson은
그린백당원으로서, 이후 민중당 결성에 주요한 역할을 하였다. 특히
이들은 민중당과 민주당의 연합에 있어, 연합을 주도한 세력이었다.
33) 농민동맹은 평원지대와 남부에 따라 각각 National Farmers' Alliance
와 National Farmers' Alliance and Industrial Union 혹은 Northern
Alliance와 Southern Alliance라는 명칭을 사용하였다. 여기서는 문장
전개의 편의상 명칭을 농민동맹으로 통일하였다. Robert C. McMath,
Jr., *American Populism*, 7, 83, 88.

맹이 전국적인 농민운동으로 등장한 시기는 1880년대 초였으며, 기원은 1874년부터 비롯되었다.

평원지대에서의 농민동맹의 기원은 캔사스의 무허가 정착민들이 철도회사의 토지 반환 청구에 대항하여 자신들의 토지 소유권을 지키려는 목적하에 1874년경 정착자보호협회(Settler's Protective Association)를 조직한 것이 발단이었다. 이 밖에도 1877년을 농민동맹의 기원으로 보는 경우도 있다.[34] 그러나 보다 직접적인 농민동맹의 기원은 밀톤 조지(Milton George)가 1880년 1월 북부동맹(Northern Alliance) 혹은 전국농민동맹(National Farmers' Alliance)이라는 명칭의 단체를 일리노이의 Cook에 세운 것이 발단이 되었다.[35]

당시 그는 자신이 편집장으로 있는 《Western Rural》紙에 종종 철도회사의 횡포를 게재하고, 이 단체를 통한 농민의 단결을 강조하였다. 그는 계속해서 1880년 10월 시카고에서 개최된 농민수송회의(Farmers' Transportation Convention)에서 주장하기를, 자본의 집중과 독점의 횡포로 농민들이 억압받고 있다고 하였다. 그리고 농민이 자신들의 권리를 지키기 위해서는 단합된 행동이 필요하며, 농민의 입장을 대변해 줄 수 있는 후보자를 당선시켜야 한다고 강조하였다. 당시 이 회의에는 캔사스와 네브라스카를 중심으로 여러 州에서 약 300명의 대표자들이 참석하여, 철도 문제에 대한 결의안과 전국에 걸친 농민동맹 조직 규정을 채택하였다. 여기서 채택된 농민동맹의

---

34) 맥매쓰는 1877년 뉴욕에서 철도와 세금 문제를 해결하기 위한 단체가 조직되었으며, 이것이 평원지대 최초의 농민동맹라고 주장하였다. *Ibid.*, 66.
35) John D. Hicks, *Populist Revolt*, 98; 안윤모, "도넬리와 미국 민중주의 운동", 46-48.

규정에 대해서, 밀턴 조지는 "이 단체는 농민 간에 상호 보호하며, 그렌지를 비롯한 여러 농민단체에 협력한다. …… 특히 철도회사의 횡포를 규제해야 하며, 정당 결성을 하지 않는 非정치적 성격을 지키면서 농민들의 입장을 대변해 주는 후보자들이 당선될 수 있도록 협력해야 한다"고 주장하였다.36)

이러한 그의 노력으로, 농민동맹의 회원은 급증하여 1881년 10월에는 약 24,500명이 되었으며, 1882년 말에는 10만 명에 이르렀다. 그리고 이 회원들은 평원지대 특히 캔사스인이 대부분을 이루었다. 이와 같이 평원지대를 비롯한 북부의 농민동맹은 캔사스인을 중심으로 활동하였으며, 이는 다음에 등장할 민중주의운동에서도 그대로 이어졌다.37)

다음으로 남부 농민동맹은 텍사스 농민동맹(Texas Alliance)으로부터 성장하였다. Lampass County에 거주하던 농민들이 1874년경 이 지역의 말 도둑을 잡고, 방황하는 가축을 끌어 모으고, Cattle Kings의 토지 침탈 행위에 대항하고, 생필품 구입 문제에 있어서 상호협동을 하기 위하여 조직된 것이 그 시초였다. 이후 이러한 모임은 여러 카운티로 파급되어, 1878년에 Grand States Alliance를 조직하기에 이르렀다. 1879년경 Lampass County Society 회원이었던

---

36) John D. Hicks, *Populist Revolt*, 101; Robert C. McMath, Jr., *American Populism*, 66; 안윤모, "도넬리와 미국 민중주의운동", 47.

37) 1882년 말 평원지대에서 농민동맹이 급성장한 배경에는 밀톤 조지의 적극적인 홍보활동이 있었지만, 그에 못지않게 이 지역에 가뭄이 극심하여 밀·옥수수 생산이 감소하였다는 것도 주요한 원인이었다. 즉 생산량에 있어 각기 22%와 32%가 감소함으로써 농민들을 경제적 곤경에 처하게 하였으며, 가뭄이 극심한 곳과 농민동맹 회원이 증가한 지역이 동일하다는 점이 이를 입증하고 있다. John D. Hicks, Populist Revolt, 101; Robert C. McMath, Jr., *American Populism*, 66.

William Bagget가 Parker County에서 이 단체를 더욱 성장시켜 농민 동맹이 나타나게 되었으며, 그에 따라 텍사스의 Lampass · Parker · Wise 세 카운티는 남부 농민동맹이 결성된 곳이라고 할 수 있다.[38]

초기 남부의 농민동맹이 북부와 비교하여 '농민의 빈곤추방'을 추구하는 데에는 일치하고 있으나, 다소의 차이점도 있었다. 이는 회원 자격을 백인에 제한한다는 것과[39] 비밀주의원칙이었다. 남부의 단체가 이 원칙을 따르는 데에는 이전의 그렌지의 '비밀주의'를 그대로 수용한 점도 있지만, 그보다는 소도둑을 우려한 초기의 조직형태에서 비롯되었다. 그리고 초기의 회원가입이 주로 혈연과 결혼으로 이루어짐으로써 지역 공동체 성격이 강하게 작용하였다.[40]

이후 이 단체는 이민들을 회원으로 적극 가입시키고 노동기사단의 회원들과 의제에 관하여 토론을 하는 등 조직을 확장하였다. 그리하여 1885년에는 회원이 5만 명이고 1200개의 지부를 구성하기에 이르렀으며, 텍사스에서 생산되는 면화를 직접 직물제조업자에게 판매하기까지 하였다. 1886년에는 84개 카운티의 2,700개 지부 대표자들이 Cleburne에서 열린 텍사스 농민동맹 특별위원회에 참석하였다. 특히 이 회의에는 외국인 토지소유금지 · 새 지폐의 발행 · 철도개혁 등이 포함된 강령을 채택하였다. 또한 이 강령은 1890년대의 오마하 강령의 항목들과 유사한 점이 많다는 점에서, 오마하강령의 선구적 형태라고 볼 수 있다.[41]

---

38) Robert C. McMath, Jr., *American Populism*, 68-9.
39) 남부의 농민동맹에서 흑인을 제한한다는 규정을 둔 것은 1882년이었으며, 그 전에는 회원자격을 단지 '생산계층'이라고만 언급하였다. 물론 1882년 이전에 흑인들이 회원으로 가입했다는 기록은 없다. *Ibid.*, 70.
40) *Ibid.*, 70.

이후 북부와 남부의 농민동맹은 1887년을 전후로 하여 조직이 급속하게 확장되었다. 북부 농민동맹의 경우, 1887년 10월 미니아폴리스에서 열린 전국 집회에서 정부의 1개 이상의 대륙횡단철도의 소유를 포함한 철도 규제·'은화의 자유주조'·노동기사단과의 우호를 표명하였다.[42] 1880년대 중반 이후, 북부의 농민동맹이 급속도로 성장한 데에는 어느 누구보다 밀톤 조지의 역할이 컸으며, 1881년 그가 다코타에 세운 농민동맹은 대표적인 예로 들 수 있다.

다코타 농민동맹은 1887년경 일부 노동기사단의 회원들과 동업으로 여러 사업을 벌였으며, 석탄·가시철사·농기계 등의 물품을 단체구매하고 마차를 생산하기도 했다. 또한 그렌지와 마찬가지로 여러 유형의 보험회사를 설립하여 농민들에게 도움을 주기도 하였다. 그리고 다코타 농민동맹은 농산물을 선적하는 데 따른 폐해를 막기 위하여, 주요 철도노선에 곡물창고를 세우고자 하였다.

이에 철도회사는 자사가 지정한 곡물창고를 이용하지 않는 농산물 운송을 거부하였다. 그러자 다코타 농민동맹은 다코타뿐만 아니라 미네소타의 농민들까지 끌어들여 철도회사에 대항하는 운동을 전개하였다. 그리고 많은 양의 곡물을 여러 중개인과 철도운송을 거치지 않고 선박을 통해서 영국으로 보내는 운동을 벌임으로써, 철도회사에 압력을 가하였다. 이에 철도회사는 타협을 요청하였으며, 다코타 농민동맹은 소기의 목적을 달성할 수 있었다.[43]

---

41) *Ibid.*, 78-80.
42) 이 회의에는 밀톤 조지를 종신회원으로 임명하고, 네브라스카의 Jay Burrows를 회장으로·아이오아의 August Post를 간사로 임명하였다. Robert C. McMath, Jr., *Populist Vanguard: A History of the Southern Farmers' Alliance*(Univ. Pr. of North Carolina, 1975), 46.

이와 같이 다코타 농민동맹은 1880년대에 있어서 어느 州 못지않게 적극적인 활동을 하였으며, 그중에서도 Mashall County는 대표적인 경우였다. 이 카운티의 농민들은 곡물창고와 철도를 정부가 소유해야 한다는 급진적인 개혁을 요구하였다.[44] 그러나 다코타 농민동맹의 활동보다도 더욱 정치성을 띤 평원지대의 농민동맹으로 네브라스카와 캔사스 지역을 들 수 있다.

네브라스카는 Gage County 출신으로서 링컨 《*Farmers' Alliance*》紙 발행인 Jay Burrow에 의해서 주도되었다. 네브라스카 농민동맹은 다코타와 같은 다양한 협동사업은 벌이지 않았으며, 주로 토지·운송·금융에 관한 개혁 운동에 집중하였다. 특히 이 지역의 농민지도자들은 연방정부가 철저한 反독점정책을 추진토록 촉구하였으며, 연방정부에서 직접 농민들에게 대부를 해주기를 청원하였다.[45]

한편 캔사스 농민동맹은 다코타보다 설립연도가 최소한 1년 이상 늦었으며, 조직 확장도 완만하였다. 그러나 1880년 말에 들어서 급격하게 회원이 급증하였는데, 이는 캔사스의 지리적 특성과 농민들의 정치 개혁에 대한 열망에서 비롯되었다. 즉 당시 캔사스는 평원지대의 어느 州보다 극심한 가뭄을 주기적으로 겪음으로써 이 지역 농민들의 심리상태를 불안정하게 했으며, 이러한 불안심리는 농민으로 하여금 농업협동조합과 같이 순수하게 경제적 목적을 추구하는 것 이상

---

43) Robert C. McMath, Jr., *American Populism*, 102.
44) *Ibid.*, 103.
45) 일리노이의 Alson J. Steeter·아이오와의 August Post·미네소타의 Ignatius Donnelly와 같은 농민동맹 지도자들도 Jay Burrow와 유사한 견해를 가지고 있었으며, 이들은 토지·운송·금융에 관한 개혁에 중점을 두었다. *Ibid.*, 104.

으로 정치 개혁의 필요성을 인식시켰던 것이다. 더구나 당시 캔사스의 경제적 여건이 네브라스카와 다코타 두 지역과 아주 유사하다는 점을 고려해 볼 때, 경제적 요인보다는 캔사스가 안고 있는 지리적 특성이 농민들을 더욱 개혁운동에 끌어들인 원인이라고 볼 수 있다.

캔사스에는 전국적으로 잘 알려진 농민단체 지도자들이 다수 있었는데, 빈센트 형제·윌리엄 A. 페퍼(William A. Peffer)·제리 심슨(Jerry Simpson)·애니 딕스(Annie L. Diggs)·매리 E. 리스(Mary E. Lease) 등을 들 수 있다. 특히 헨리 빈센트는 농민동맹을 캔사스에 확장시키는 데 주도적인 역할을 하였으며, 자신이 발행인으로 있는 《American Nonconformist and Kansas Industrial Liberator》紙를 통하여 적극 홍보하였다. 여기서 그는 협동사업과 독점세력에 대한 비난을 동시에 게재함으로써, 캔사스 농민들로 하여금 경제적·정치적 개혁의 필요성을 설득하였다. 그는 자신의 고향 Cowley County에서 이를 구체화하여 협동사업과 反독점운동을 병행하였다.[46]

페퍼도 자신이 편집장으로 있던 《Kansas Farmer》紙와 《Topeka Advocate》紙를 통하여, 사회적·경제적인 병폐를 시정할 수 있는 농민들의 단체가 필요하다고 역설하였다. 그리고 페퍼는 농민들에게 단순한 협동사업보다는 '정치적 정의(political justice)'에 관심을 갖도록 설득하였다. 그는 농민들의 주도로 이룬 정치 개혁이 영속적으로 지속될 수 있는데, 이는 농민들이 정치를 순수하게 하기 때문이라고 주장하였다. 이러한 그의 활동은 많은 농민들로부터 설득력을 얻게 되어, 그가 편집장으로 있는 신문이 캔사스의 농업신문 중 가장 많은 발

---

46) *Ibid.*, 105-6.

행부수를 기록하였다.[47]

이와 같이 빈센트 형제와 페퍼 같은 지도자들의 노력으로 1889년 봄 무렵, 새로운 농민동맹 지부가 단 일주일 만에 무려 20개 이상 생겨났으며, 1890년에는 캔사스에 10만 명 이상의 회원으로 늘어나게 되었다.[48]

남부의 농민동맹도 북부와 마찬가지로 1887년 텍사스의 Waco에서 열린 회의를 통하여 조직이 더욱 확장하여 그해에 루이지애나 Farmers' Union을 · 1889년에는 아칸소의 Agricultural Wheel을 흡수하였다. 텍사스의 농민동맹이 남부의 농민단체를 대표할 정도로 성장한데에는 이 지역이 남부 농민동맹의 발상지라는 점도 있겠으나, 그와 함께 여러 농민지도자들의 역할도 중요하였다. 찰스 W. 매퀸 (Charles W. Macune) · S. O. Daws · Isaac McCracken · Buck Barry · Elias Carr 등은 대표적인 지도자들이었으며, 그중에서도 매퀸은 어느 누구 못지않게 조직 확장에 큰 공헌을 하였다. 특히 매퀸은 1885-86년 동안 이 단체의 협동사업을 성공적으로 이끌어 나감으로써 많은 농민들의 지지를 받았으며, 그와 함께 다른 농민단체의 지도자들과 연계하여 조직의 확장을 가져왔다.[49]

이와 같이 농민동맹은 평원지대를 중심으로 한 북부와 남부로 구분되어 성장하였으며, 양 단체 간에 있어서 두드러진 경쟁이나 갈등 요소가 표면적으로 그리 드러나지 않았다. 그리하여 양 지역의 대표자들은 이제까지 성장해 온 조직을 더욱 확장하고자 통합을 추진하

---

47) Peter H. Argersinger, *Populism and Politics*, 4-8.
48) Robert C. McMath, Jr., *American Populism*, 106.
49) *Ibid.*, 85-91.

였다. 물론 이러한 목적은 단체의 힘을 강화하여 농민들의 제반 이익을 보호한다는 경제적 측면도 있지만, 미국사회의 전반적인 개혁을 시도하려는 정치적인 요소도 포함되었다.

1887년경 Waco에서의 모임을 전후로 하여 양 대표들은 통합을 논의하였으며, 1889년 12월 세인트루이스회의에서 다시금 토론을 벌였다. 그러나 두 모임은 모두 양 지역의 대표자들 간의 이견과 설전만을 가져오기만 하였다. 그리고 이러한 양 대표자들 간의 갈등이 곧 새로운 농민운동 즉 민중주의운동이 일어나는 데 있어, 심각한 장애 요인으로 작용하였다.

Ⅳ. 민중주의운동의 초기활동

1. 농민동맹과의 관계

민중주의운동이 일어난 주요한 요인은 앞에서 언급한 경제적인 요소에 기인하나, 그에 못지않게 정치적인 면도 중요하다. 그리고 이러한 정치적인 면은 남부와 북부 간의 농민동맹 조직상의 차이점과 밀접한 관계에 있었다. 왜냐하면 초기 민중주의운동을 주도한 사람들은 대체로 농민동맹의 지도자들 혹은 이와 밀접한 관계에 있는 단체의 일원이었기 때문이다. 이러한 점에서 농민동맹이 민중주의운동의 직접적인 모태라는 주장을 하는 경우도 있다.[1] 물론 이에 대해서는 보다 철저한 검증이 필요하나, 사실 부정하기도 어렵다. 이는 초기 민중주의운동을 주도하고 민중당을 결성한 사람들이 북부의 농민운동 단체 특히 평원지대를 중심으로 한 농민동맹과 연계되었기 때문이다. 그러나 남부의 농민동맹은 대체로 이 운동과 신당 결성에서 배제되었다.

평원지대의 농민지도자들을 중심으로 민중주의운동이 일어나게 된 배경은 평원지대와 남부 간의 갈등에서 비롯되었으며, 이러한 문제가 구체적으로 표면화된 것은 1889년 12월에 열린 세인트루이스

---

1) Solon J. Buck, *The Granger Movement*, 309-10; Robert C. McMath, Jr., *American Populism*, 128-29; John D. Hicks, The Populist Revolt, 147-52, 210.

회의에서였다. 당시 농민동맹의 통합을 논의하기 위해 열렸던 이 회의에서 양 지역의 대표자들은 상대방의 조직내규를 비난하였다. 즉 북부의 농민동맹은 '비밀주의'를 원칙으로 하고 체계적인 조직 구성을 강조하는 남부 농민동맹을 지나치게 형식적이라고 비난하였다. 반면 남부의 대표자들은 북부의 조직이 엉성한 종이호랑이에 지나지 않는다고 무시하였다.[2)]

또한 평원지대가 대체로 공화당 세력이 우세한 반면 남부는 민주당의 지배 하에 있었다는 점도 양 지역의 대표자들을 대립하게 만든 한 원인이었다. 보다 구체적으로 표현하자면, 평원지대의 지도자들과 농민들은 기존의 공화당에 대한 의존을 탈피한 데 반하여 남부의 지도자들과 농민들은 그렇지 못한 데 있었다. 즉 남부의 농민동맹은 민주당과 아주 우호적인 관계에 있었으며, 민주당을 통해서 개혁을 추진코자 하였다.

평원지대의 농민들이 공화당 체제에서의 개혁에 대한 기대를 포기하게 된 데에는 여러 요인이 있겠으나, 무엇보다도 특히 극심한 가뭄에 따른 경제적 곤란과 공화당의 안일한 태도를 지적할 수 있다. 즉 평원지대는 1880년대 말에 극심한 가뭄으로 흉년이 들었으며, 기타 지역에서의 농산물 생산 증가로 인하여 농산물 가격하락이라는 이중고를 겪었다. 그리고 기존의 정치 상황에서는 이와 같은 재난을 더 이상 해결할 수 없다고 본 농민과 농민동맹 지도자들은 공화당에 대한 의존을 과감히 탈피하였다. 즉 농민들은 신당을 통해서 자신들의 이익과 권리를 직접 대변해 줄 수 있는 입법제정자·하원

---

2) Robert C. McMath, Jr., *American Populism*, 108-9.

의원·상원의원·주지사 등과 같은 대표자들을 확보하였다.3)

또한 남부의 민주당이 농민동맹의 개혁 요구에 대하여 미온적이었지만 표면적으로나마 우호적인 관계를 유지하려 했던 반면, 평원지대의 공화당은 농민동맹의 요구를 무시하거나 직접적으로 비판한 것도 농민들로 하여금 공화당을 통한 개혁의 기대감을 포기케 하였다.

한 예로, 캔사스의 공화당 상원의원인 존 J. 인갤스는 농민들을 위해 선거공약으로 내세운 여러 개혁안을 입법화할 필요가 없다고 주장함으로써 농민들을 절망과 분노의 상태로 빠져들게 하였다. 특히 인갤스가 개혁안 반대의 명분으로 "개혁안들이 입법화된다고 할지라도 농민들이 처해 있는 경제적 곤경을 해결해 줄 수 없다"는 논리는 농민뿐만 아니라 親공화당계 신문 편집장들도 배신감을 갖게 하였다.4)

당시 일부 신문 편집장들은 공화당에 대한 불만의 표시로 공화당을 탈당하거나 혹은 신당 결성을 통해서 공화당이 선거공약으로 내세운 개혁안을 입법 추진하였다. 그중에서도 윌리엄 A. 페퍼는 대표적 인물이었으며, 자신이 편집장으로 있는 《Topeka Advocate》紙와 《Kansas

---

3) Robert C. McMath, Jr., *American Populism*, 132-33; Walter P. Webb, *The Great Plains*, 502-5, 514; Peter H. Argersinger, *Populism and Politics*, 4-8; Jeffrey Ostler, *Prairie Populism* 참조.

4) 親공화당계 신문 편집장들은 종종 공화당의 농민들을 위한 선거공약을 신문에 게재하고 간접적으로 농민들의 공화당 지지를 호소하였다. 그러나 이들 신문 편집장은 공화당이 선거공약을 이행하지 않고 농민들의 분노가 신문사에까지 확산되자 당황했다. 결국 일부 양심 있는 사람들은 공화당의 약속이행을 촉구하고 나섰거나 혹은 反공화당계로 돌아섰다. William A. Peffer, *Populism, Its Rise and Fall*(1899) reprint ed.(Univ. Pr. of Kansas, 1992), 37-39; Peter H. Argersinger, *Populism and Politics*, 20-26.

Farmer》紙를 통하여 인갤스에 대한 공개질의를 하였다.[5] 당시 인갤스
는 3선의 중진 상원의원으로서, 선거 때마다 농민들의 다양한 개혁안을
지지한다고 하였으나, 당선된 후에는 종전의 공화당 정책을 계속하여
유지하였을 뿐이었다. 인갤스는 페퍼의 이러한 요구에 대하여 회답을
계속하여 회피하다가, 1890년 4월경 뉴욕의 《*World*》紙와의 논평을 통
하여 다음과 같이 주장하였다.

> 정치에서의 순수화라는 것은 무지개꿈이다. 정치는 전쟁터이고, 정
> 당들은 군대이다. 목표는 성공에 있다. 힘으로 다른 정당을 누르고
> 반대편을 패배시키는 것이 목적이다. 공화당원과 민주당원의 관계
> 는 그랜트와 리 장군이 전쟁터에서 만난 것과 같이 서로 간에 화해
> 할 수 없는 적이다. 그들은 총 대신 투표로써 하며, 그러한 투쟁은
> 필사적이다. 전쟁에 있어 적을 속이거나 그 밖의 일을 하는 것은
> 합법적인 것이다. 자신의 도덕적인 성격에 바탕을 둔 행동으로 전
> 쟁에서 패배한 사령관은 역사에 있어 비웃음의 대상일 뿐이다.[6]

이와 같이 공화당은 농민들의 개혁 요구에 대하여 선거에서만 마
지못해 지지표명을 할 뿐, 사실상 무관심한 상태였다. 그 밖에 평원

---

5) 당시 페퍼는 《*Kansas Farmer*》紙를 통하여 다음과 같은 공개 질의를
   하였다. "인갤스 상원의원도 아시다시피, 은행·철도회사·채권자와 같
   은 기득권자들은 어떤 새로운 법을 필요로 할 때 언제든지 이를 추진
   할 수 있다. 그러나 농민들은 전혀 그렇지 못하였다. …… 우리의 공직
   자들은 이러한 부조리를 전혀 인식하지 못하고 있다. 사회의 안정은
   오직 공정하고 정의로운 법률 제정으로부터 나올 수 있으며, 정치인은
   이러한 기본적인 원리를 알지 못하는 장님이다." *Kansas Farmer*, Feb.
   12, 19, 1890; Peter H. Argersinger, *Populism and Politics*, 26-27.
6) Peter H. Argersinger, *Populism and Politics*, 30-31.

지대의 공화당이 농민단체들의 개혁 요구안(案)에 대하여 안일하게 대처한 원인에 대해서 제프리 오슬러는 아이오아와 비교하면서 설명하였다. 그는 평원지대의 캔사스·네브라스카와 인접한 아이오아의 민중주의운동을 상호비교하면서, 이 운동의 원인과 지역적 차이점을 고찰하였다.

그에 의하면, 이들 州 모두 농민들이 경제적으로 곤란을 겪는다는 공통점에도 불구하고, 캔사스와 네브라스카에서만 민중주의운동이 활발히 전개되었다고 하였다. 반면 아이오아는 거의 민중주의운동이 전개되지 않았으며, 농민들과 기존의 농민단체도 이 운동에 많은 노력을 기울이지 않았다. 이에 대해서 오슬러는 캔사스와 네브라스카의 경우에는 공화당이 남북전쟁 이후 1890년까지 계속하여 지배적인 정당으로 있음으로 해서 농민단체의 요구를 도외시했으며, 이에 농민들이 반발하여 적극적으로 민중주의운동을 전개했다는 것이다.

반면 아이오아의 공화당은 1880년대부터 민주당과 그린백당 간의 협력으로 심각한 도전에 직면하였다. 한 예로 당시 아이오아에서 상·하 양원선거에서 민주당과 그린백당의 연합 후보로 출마한 사람들 중에는 제임스 B. 위버도 포함되었다. 따라서 아이오아의 공화당은 이 지역에서의 지배권을 유지하기 위하여 농민단체들의 요구를 적극 수용하였다. 한 예로, 이 州의 철도규제는 인접한 평원지대보다 더욱 엄격하게 시행되었으며, 공화·민주 양당은 농민동맹과 농민들의 지지를 받기 위해서 노력하였다. 따라서 아이오아의 농민동맹과 농민들은 민중주의운동에 대하여 평원지대만큼 절실히 필요하지는 않았다고 오슬러는 주장하였다.[7]

이와 같이 평원지대의 농민들은 농민동맹이 갖고 있는 非정치적 성격하에서는 자신들이 당면한 제 문제를 결코 해결할 수 없다고 보고, 신당 결성을 적극 추진하였다. 특히 그중에서도 캔사스는 이러한 현상이 두드러졌으며, 헨리 빈센트·레오 빈센트(Leo Vincent)·스티븐 맥럴린(Stephen McLallin)과 같이 신문 편집장을 겸하고 있는 농민지도자들은 농민들의 적극적인 정치 참여와 신당 결성에 대한 필요성을 적극적으로 홍보하였다. 또한 1870년대부터 개혁운동에 참여한 경험이 많았던 애니 L. 딕스·William F. Rightmire 등이 캔사스에서 신당 결성에 적극적으로 참여하였다.[8] 그리고 이들이 민중당을 결성하기 위하여 조직을 확장하고 선거운동을 하는 데 있어, 평원지대의 농민동맹은 적지 않은 도움을 주었다. 따라서 민중주의 운동과 평원지대의 농민동맹은 협조 관계에 있지만, 그렇다고 해서 남부의 농민동맹과도 이러한 관계가 형성된 것은 아니었다. 이는 앞서도 언급했듯이 남부의 농민동맹은 신당을 결성하기에는 너무나도 민주당의 영향을 많이 받고 있었다. 더불어 오슬러가 주장한 바와 같이 남부의 민주당은 평원지대의 공화당과는 달리 농민동맹과 우호적인 관계를 유지하려 노력했다.

따라서 남부의 농민동맹 지도자들은 이러한 제반 요인으로 인하여 평원지대 민중주의자들의 신당 결성 참여요구를 받아들이기가 어려웠으며, 오히려 현재의 자신들의 위상을 지키고자 이 운동을 방해했던 것이다.

---

7) Jeffrey Ostler, "Why the Populist Party was Strong in Kansas and Nebraska but Weak in Iowa" *Western Historical Quarterly* 23 n.4(Nov., 1992), 451-74.

8) Robert C. McMath, Jr., *American Populism*, 132-33.

2. 민중당의 성립

평원지대 특히 캔사스의 농민지도자들에 의해 주도된 민중주의운동은 1890년 이전까지는 전국적으로 주목할 만한 성과를 보이지 못했다. 그러나 1890년 상원의원선거에서 민중주의자인 페퍼의 당선을 계기로 하여, 캔사스의 민중주의운동은 전국의 농민들에게 정치 참여에 대한 자신감을 심어 주었다.

페퍼는 처음에는 공화당원으로서 출발하였으며, 이는 사회 전반적인 개혁이 강력한 정부 하에서만 이루어질 수 있다는 그의 확신에서 비롯되었다. 그는 그러한 의미에서 자신의 활동을 공화당 체제 내에서 실시했는데, 이는 민주당이 공화당에 비하여 상대적으로 약한 연방정부를 표방하고 또한 제3당이 집권하여 개혁정책을 실시할 가능성이 거의 없다는 나름대로의 판단 때문이었다. 그러나 캔사스의 1888년 선거에서 공화당이 페퍼가 이제까지 주장했던 개혁이론[9]과 관련이 많은 공약을 내세우고 선거에서 압승을 하고 난 후부터, 그는 공화당과 멀어지게 되었다. 왜냐하면 그는 공화당이 선거공약으로 내세운 조항을 지킬 것이라고 기대했으나, 이러한 공약은 선거 후 공수표에 지나지 않았기 때문이다.

그리하여 그는 철도규제 · 토지의 저당 문제 · 세제개혁 · 이자율 인하 · 외국인 토지소유의 금지 등의 조치를 취할 것을 의회에 촉구했다. 그러나 공화당은 그의 제안을 외면하였는데, 바로 이 점이 그

---

9) William A. Peffer, "The Farmers' Defensive Movement" *Forum* 8(Dec., 1889); *Farmer's Side: His Trouble and Their Remedy*(1891) reprint ed.(Westport: Hyperion Pr., 1976) 참조.

를 공화당에서 탈당하게 만든 주 요인이었다.[10] 이후 그는 제3당의 한계성을 인식하면서도 한편으로 자신의 개혁 방안을 정책에 반영하기 위해서는 신당 이외에는 다른 방도가 없다고 보았다. 이러한 상황에서 북부 농민동맹은 그를 적극적으로 끌어들였다.

북부 농민동맹은 1890년 8월 13일 토페카에서 집회를 소집하였으며, 페퍼를 상원의원 후보로 추천하였다. 그는 경선을 통하여 후보로 확정되었으며, 공화당의 3선의원 인갤스를 제치고 민중주의자로서는 최초의 상원의원이 되었다.[11] 그리고 이때부터 전국의 농민단체들은 그를 열렬히 지지하고, 신문에도 '민중주의'를 '페퍼주의(Pefferism)'로 인용하기도 했다.[12] 그는 전국을 순회하면서 '자신의 당선은 곧 농민의 승리'라고 역설하였으며, 농민의 정치참여에 자신감을 심어 주었다.

페퍼와 함께, 심슨도 뛰어난 연설로 캔사스 민중당 결성에 두드러진 역할을 하였다. 그는 이전에 그린백당 · 노동자연합(Union Labor)에 참여했을 뿐만 아니라 헨리 조지(Henry George)의 신봉자이기도

---

10) Peter H. Argersinger, *Populism and Politics*, 13-16.

11) 1891년 1월 28일의 투표 결과 - 페퍼는 98표 · 인갤스는 58표 · 민주당의 Charles Blare는 6표를 얻었으며, 이후 3명의 민주당원이 페퍼를 지지하게 됨으로써 101 대 58표로 페퍼는 인갤스를 압도하였다. *Ibid.*, 54.

12) 페퍼는 어깨까지 내려간 긴 수염으로 인한 독특한 외모로 민중당을 홍보하였는데, 예를 들어 신문에서는 공화당의 코끼리, 민주당의 당나귀와 함께 민중당의 '페퍼의 수염'이라는 호칭을 종종 사용하였다. Roger A. Fischer, "Rustic Rasputin: William A. Peffer in Color Cartoon Art, 1891-1899" *Kansas History* 11(Wint., 1988-89), 222-39; William A. Peffer, *Populism, Its Rise and Fall*, 1, 3; 연동원, "1890년대 미국 민중주의운동의 소고 - William A. Peffer의 反연합(Anti-fusion) 활동을 중심으로-", 『미국사연구회』 2집, (1994), 97.

했다. 이전에 아일랜드전국연맹(Irish National League)과 연합노동당(Union Labor Party)에 참여했던 메리 E. 리스도 애니 L. 딕스와 함께 여성들의 신당 참여를 적극 홍보했으며, 이 두 여성은 이후 선거운동에서 크게 공헌을 한다.[13]

사우스다코타도 캔사스보다는 못하지만 신당 결성의 과정은 순조로웠으며, Alonzo Wardall에 의하여 주도되었다. 그리고 다코타의 농민동맹 의장 Henry L. Loucks는 주지사 후보로 나서 40%의 득표를 하였으며, 민주당과 연합하여 하원의장 James H. Kyle을 상원의원으로 당선시키는 데 도움을 주었다.[14]

네브라스카도 캔사스보다는 신당 결성에 대한 움직임이 다소 더디었으나 꾸준하게 추진되었다. 네브라스카 농민동맹은 공화당 탈당 문제에 대하여 처음에는 다소 주저하였으나, 이후 신당 결성을 위한 집회에서 네브라스카 농민동맹 의장 John H. Powers를 주지사 후보로 지명하였다. 그리고 3명의 하원 후보를 당선시키기 위하여 민주당과 비공식적으로 협력을 하였다. 선거 결과, 민주당은 근소한 표차로 Powers를 누르고 처음으로 민주당 소속의 주지사가 당선되었다. 그리고 하원선거에서는 신당 결성의 후보자 3명 중 2명이 선출되었으며, 나머지 한 사람은 민주당원이 당선되었다. 그리고 이 민주당원이 이후 1896년 민중당과 민주당 연합의 대통령 후보로 나섰

---

13) Annie L. Diggs, "Women in the Alliance Movement" *Arena* 6(July, 1892), 161-79: "The Farmers' Alliance and Some of its Leaders" *Arena* 5(Apr., 1892), 590-604: O. Gene Clanton, "Intolerant Populist? The Disaffection of Mary Elizabeth Lease" *Kansas Historical Quarterly* 34(Sum., 1968), 189-200.

14) Robert C. McMath, Jr., *American Populism*, 136-37.

던 윌리엄 제닝스 브라이언이었다.15)

　오클라호마에서도 다른 평원지대의 州들보다는 못하지만, 민중주의운동이 일어났다. 오클라호마 민중주의의 기원은 캔사스로부터 시작되었으며,16) 이 지역의 민중주의는 캔사스 출신의 이주민들에 의해서 전파되었다. 대표적인 예로 빈센트 형제를 들 수 있으며,17) 이 형제는 캔사스와 마찬가지로 오클라호마에서 민중당을 결성하는 데 주도적 역할을 했다. 이 밖에도 캔사스 출신의 지도자 William F. Rightmire · John R. Rogers · Benjamin H. Clover 등이 이곳에서 민중당 홍보활동을 하였다.18) George Gardenhire는 캔사스의 노동자연합 출신으로서, 1889년 4월 오클라호마의 Payne County에 이주한 이후, 이 카운티를 오클라호마 최초의 민중주의운동 거점으로 만들었다.19) 또한 캔사스 출신의 이주민들이 뉴멕시코 주 북동부의 캐나디안 강 북쪽에 주로 정착하였기 때문에, 이 지역을 중심으로 하여 민중주의운동이 전개되었다.20)

　이와 같이 평원지대에서 민중주의운동이 활발히 전개되었으며, 특히 캔사스 민중주의자들은 신당 결성을 남부에까지 확장함으로써 전국적인 정당으로 발전하기를 기대했다. 그리하여 전국의 다른 개

---

15) Robert W. Cherney, *Populism, Progressivism, and the Transformation of Nebraska Politics, 1885-1915*(Univ. Pr. of Nebraska, 1980), 34-38 : Robert C. McMath, Jr., *American Populism*, 138.
16) Worth R. Miller, *Oklahoma Populism*, xi, xii, 219.
17) Harold Piehler, "Henry Vincent : Kansas Populist and Radical Reform Journalist" *Kansas History* 2(Spr., 1979), 14-25.
18) Worth R. Miller, *Oklahoma Populism*, 21-25.
19) *Ibid.*, 8-26.
20) *Ibid.*, 3-6.

혁단체들과 함께 이 문제를 논의하기 위하여 1890년 12월 플로리다의 오칼라에서 열린 NFA & IU(National Farmers' Alliance and Industrial Union)[21] 연차대회에 많은 수의 캔사스인이 참석하였다. 당시 이 회의에는 25개 州 대표자들이 참가하였으며, 그중에서도 캔사스인이 평원지대를 대표하고 있었다. 이 회의에서는 철도요금의 인하와 협동사업 계획 등 다양한 문제가 논의되었으나, 가장 중요한 문제는 농민동맹을 중심으로 한 각종 개혁단체가 1892년에 신당 결성을 해야 할지 여부였다.

그러나 평원지대와 남부의 대표자들은 서로 상반된 주장을 하였으며, 회의 분위기는 1889년 12월의 세인트루이스회의 당시 상황보다 더욱 악화되었다. 빈센트 형제를 비롯한 캔사스 대표자들은 1890년에 평원지대에서 시작한 전국적인 신당 즉 민중당 결성에 참여하라고 남부 농민동맹에 촉구하였다. 이에 대해 남부 대부분의 대표자들은 농민동맹의 非정치적 성격을 계속하여 고수해야 하며, 전국적인 신당 결성에 대한 문제는 차후에 다시 논의하자고 맞섰다.[22]

1890년에 공화당을 등졌던 평원지대의 대표자들은 주장하기를, 만일 남부인이 신당 결성 참여를 거부한다면―그 결과는 민주당이 전국적으로 득세할 것이라고 하였다. 따라서 그러한 상황이 오지 않기 위해서라도 평원지대 대표자들은 이전의 공화당으로 돌아갈 것이라

---

21) 남부의 농민동맹과 NFA & IU는 동일한 단체를 의미하고 있다. 문장 전개의 편의상 앞에서는 농민동맹으로 통일하고 있으나, 여기서는 이 회의의 중요성으로 인하여 원래의 단체명을 사용하였다. 또한 이 회의는 오칼라회의로 불려지기도 한다. Robert C. McMath, Jr., *American Populism*, 7.

22) *Ibid.*, 140.

고 강조하였다. 그리고 캔사스인들의 주도하에 평원지대의 대표자들은 신당 결성에 대한 구체적 논의를 하기 위하여 다음 해인 1891년 초 신시내티회의(Cincinnati conference)를 개최하자고 요구하였다. 그러나 남부의 대표자들은 이 회의 개최를 일관되게 반대하였다. 따라서 양측은 첨예하게 대립할 뿐, 신당 결성에 대한 타협이나 결정안은 없었다. 단지 1892년 초에 전국적인 회의를 개최하여 이 문제를 다시 논의하자고 한 찰스 W. 매퀸의 제안만이 받아들여졌다.[23]

그러나 신당 결성 문제와는 달리, 철도와 전보에 대한 보다 강력한 정부의 규제와 상원의원의 직접선거·누진소득세 항목을 강령에 포함시키는 데에는 의견의 일치를 보였다. 특히 이 강령(오칼라강령)에 포함된 항목들은 이후 민중주의원칙인 오마하강령에 거의 그대로 수용됨으로써, 이 강령이 오마하강령의 선구적 형태라 할 수 있다.[24]

1891년 1월, 평원지대를 중심으로 북부의 농민동맹은 오마하에서 모임을 가졌으며, 여기서 다시금 오칼라강령과 유사한 일련의 강령을 채택하고 다음해에 반드시 신당 결성을 이루기로 결의하였다. 그로부터 1달 후, 남부의 농민동맹은 유색농민동맹(Colored Farmers' Alliance)·노동기사단(Knights of Labor)·시민동맹(Citizen Alliance)의 대표자들과 함께 신당 결성 문제를 논의하였다. 여기서 대다수의 남부 농민동맹 지도자들은 신당 결성 추진을 반대하는 입장을 표명하였으나, 유색농민동맹을 비롯한 여러 단체 대표자들이 신당 결성을 거의 만장일치

---

23) *Fred A. Shannon, "C. W. Macune and the Farmers' Alliance" Current History* 28(June, 1955), 330-35.

24) 오칼라강령이 오마하강령의 선구적 형태라는 것은 두 강령 내용이 구체적으로 제시된 George B. Tindall, *A Populist Reader*(N.Y.: Harper Torchbooks, 1960), 88-96을 살펴보면 잘 알 수 있다.

로 찬성하였다. 이에 매퀸을 비롯한 남부 농민동맹 대표자들은 이 문제를 1892년에 열릴 회의 때까지 보류하자면서 시간을 끌었다.[25]

이와 같이 신당 결성 문제는 남부의 농민동맹만 반대하는 입장을 보였을 뿐, 북부의 농민동맹을 비롯한 많은 농민단체들은 대체로 지지하고 있었다. 그러나 신당 즉 민중당 결성을 추진하던 민중주의자들은 남부의 농민동맹이 계속 이 문제를 회피하여 시간을 끄는 데 대해 불안감을 느꼈다. 더불어 공화·민주 양당의 조직적인 방해와 언론을 통한 공세에 대해, 민중주의자들은 중대한 결단이 필요하였다. 그리하여 이들은 다음해인 1892년에 신당 결성 문제를 논의하자는 남부 농민동맹의 제안과는 상관없이 빠른 시일 내에 전국적인 집회를 개최하기로 결심하였다.[26]

매퀸을 비롯한 남부 농민동맹의 대표자들은 민주당의 도움을 받으면서 계속하여 캔사스 민중주의자들의 주도하에 추진된 즉각적인 전국집회 개최에 반대하였다. 헨리 빈센트·사우스다코타의 Alonzo Wardall·노동기사단의 강연자이면서 시민동맹을 대표하고 있는 Ralph Beaument 등의 지도자들은 1892년 1월로 전국적인 집회를 연기하자는 매퀸의 제안을 일축하는 등, 전국집회 준비를 강행하였다.[27]

그리하여 1891년 5월 18일 신시내티회의가 열렸으며, 여기에는 북부 농민동맹·금주당원(Prohibitionist)·벨라미주의자를 포함한 각종 단체 약 1400명의 대표자들이 참석하였다. 이 회의의 의장은 캔사스

---

25) Fred A. Shannon, "C. W. Macune and the Farmers' Alliance", 330-35.
26) Robert C. McMath, Jr., *American Populism*, 143.
27) *Ibid.*, 144.

상원의원 페퍼가 맡았으며, 주요 안건은 신당의 결성 시기와 조직 구성 문제였다. 그러나 캔사스 하원의원 제리 심슨·아이오아의 위버 등 일부 대표자들은 이 안건을 보류하자고 제안하였다. 여기에는 Leonidas Polk·William Lamb과 같은 소수 남부 농민동맹의 지도자들도 포함되었으며, 이들은 대부분 텍사스인이었다.[28]

안건 보류를 제안한 일부 대표자들은 단지 40명의 남부 농민동맹 대표자들이 참석한 가운데 신당 결성을 추진하기에는 무리가 있다고 주장하였다. 그리하여 이 회의에서는 이들의 제안을 존중하여 신당 결성에 대한 구체적인 안건 내용은 차후에 많은 수의 남부 농민동맹 대표자들이 참석한 가운데 다시 논의하기로 합의했다. 또한 이 회의에서는 오칼라강령을 그대로 따른 신시내티강령을 채택하고, 신당 결성을 위한 임시행정위원회(Provisional Executive Committee)를 발족하였다.[29] 그리고 위원장에 일리노이의 허만 E. 타우베넥(Herman E. Taubeneck)을 임명하였다.[30]

민중주의자들은 신당 즉 민중당 결성에 대한 필요성과 기존 정치체제에 대한 문제점을 홍보하기 위하여 다양한 활동을 하였다. 한 예로 전국개혁신문협회(National Reform Press Association)는 매주

---

28) Lawrence Goodwyn, *Democratic Promise*, 245-48; William A. Peffer, *Populism, Its Rise and Fall*, 39, 41.
29) William A. Peffer, *Populism, Its Rise and Fall*, 42.
30) 신시내티회의를 계기로 하여 신당의 공식 명칭에 대하여 논의가 시작되었으며, 캔사스의 대표자들은 회의가 끝나고 기차로 고향으로 돌아오던 중 라틴어의 populus에 어원을 둔 people을 따서 '민중주의자(populist)'라는 용어를 창안하였다. 바로 이때부터 민중주의운동·민중주의자·민중당이라는 명칭이 공식적으로 사용되었다.
Robert C. McMath, Jr., *American Populism*, 146.

정치만화를 게재하여 민중주의운동의 정치적 목적을 홍보하는 데 주력하였다. 그리하여 이 협회는 이러한 홍보를 통하여 1891-92년 동안 민중당이 전국적인 정당으로 발돋움하는 데 있어 대중매체로서의 역할을 충실히 하였다.[31]

캔사스에서도 이와 유사한 캔사스개혁신문협회(Kansas Reform Press Association)가 페퍼에 의하여 1892년 2월에 조직되었다. 페퍼를 초대회장으로·간사를 스티븐 맥럴린으로 한 이 협회는 민중주의운동의 당면 문제와 여론을 수렴하였다. 또한 전국개혁신문협회와 함께 연계하여 활동했으며, 신문·팜플렛·이웃모임 심지어 종교단체를 활용하기도 했다.[32] 당시 이러한 활동은 평원지대 농민동맹의 주도로 전국적으로 행해졌으며, 조지아·펜실베니아 등 일부 남부 농민동맹의 회원들 사이에서도 시행되었다.[33]

당시 페퍼는 텍사스에서 각종 언론매체와 강연을 통하여 민중당 결성의 필요성을 역설하였다. 더불어 인디아나의 C. A. Post와 텍사스의 농민동맹 회원이자 민중주의자인 Cyclone Davis도 강연을 통하여 통화 문제와 금융제도의 악폐 등을 신랄하게 지적함으로써, 페퍼의 입장을 지지하였다. 이에 대해 민주당은 민중주의자들의 강연이 대부분 선동적이라고 비판하였다. 사실 어떤 민중주의자는 강연 도중에 "예수는 최초의 농민동맹 창시자이며 회장"이라고까지 선동

---

31) Lawrence Goodwyn, *Democratic Promise*, 230-31, 236-37.
32) McLallin은 페퍼가 《Topeka Advocate》紙를 맡기 이전의 편집장으로서, 페퍼와 함께 민중당 결성에 적극 참여하고, 이후 민주당과의 연합에 반대하는 활동을 하였다. Peter H. Argersinger, *Populism and Politics*, 80-82.
33) Robert C. McMath, Jr., *American Populism*, 151.

하는 경우도 있었다.[34]

하지만 일부 민중주의자의 주장이 선동적이라고 해도, 1891-92년 동안의 강연활동은 남부 지역에서 민중주의운동이 확산되는 데 큰 역할을 하였다. 이들은 캔사스 민중주의운동을 그대로 본따서 이 지역에 적용코자 하였다. 더불어 페퍼가 텍사스에서 가진 강연활동은 인접한 州들에까지 영향을 끼칠 만큼 대단했다.[35]

이와 같이 페퍼를 비롯한 캔사스 민중주의자들은 평원지대와 남부에서 민중당 결성에 대한 홍보활동을 적극적으로 하였다. 이는 민중당이 전국적인 정당 그리고 집권당이 되기 위해서는 남부로의 조직 확장이 절대적으로 필요했기 때문이다. 그리하여 민중주의자들은 남부 전 지역을 순회하면서 강연활동을 벌였으며, 강연 중에는 민주당원들과 격렬한 논쟁을 벌이기도 하였다. 사실 민주당은 이들의 강연활동이 아주 부담스러웠으며, 이는 민주당의 남부 정치 기득권에 대한 위협으로 간주되었다. 그러나 민중당은 민주당으로부터 많은 남부인들을 끌어내야 할 필요성이 절실하여, 민주당의 집요한 방해와 간섭에도 굴하지 않고 적극적으로 맞섰다.[36]

민중주의자들의 강연활동으로 남부의 농민들은 이전과는 달리 민주당에 대한 의존을 탈피하고 신당을 지지하자는 움직임이 서서히 나타나기 시작하였다. 그러한 대표적인 예로 1891년 켄터키의 주지사선거를 들 수 있다. 당시 이 지역은 공화·민주 양당이 치열한 경쟁을 벌이고 있던 상태였으나, 페퍼 상원의원·John Otis 하원의

---

34) *Ibid.*, 152-53.
35) Peter H. Argersinger, *Populism and Politics*, 92-95.
36) *Ibid.*, 96-103.

원·허만 E. 타우베넥 신당 추진 임시 위원회 의장을 비롯한 민중
주의자들은 이를 개의치 않고 적극적으로 선거운동을 하였다.

　선거 결과는 민주당후보 John Y. Brown이 당선되었으며, 민중당
은 단지 9%만을 얻었다. 그러나 민중당이 얻은 이 수치는 결코 비관
적이 아닌 성공의 가능성을 의미하였다. 왜냐하면 켄터키의 선거가
있기 얼마 전에 아이오아에서 선거가 있었을 때, 그곳에서 민중당은
겨우 3%의 득표율을 보였기 때문이다. 즉 켄터키의 선거는 아이오아
보다 3배의 득표를 하였다. 그리하여 타우베넥은 "견고한 남부(Solid
South)는 무너졌다"라고 한탄하기까지 했던 것이다. 그러나 그의 자
조 섞인 주장에도 불구하고 9%의 득표율이 민중당의 집권을 의미하
지 않기 때문에 결코 민중당의 승리라고 볼 수는 없다.[37]

　민중주의자들은 '견고한 남부'가 이전과는 다른 양상을 보이자, 이
를 보다 확산시키고자 캐롤라이나와 최남부 지방(Deep South: 조지
아·알라바마·미시시피·루이지애나)에도 민중당의 거점을 마련하
였다. 그리하여 페퍼를 비롯한 캔사스 민중주의자들은 이 지역에서
강연·언론매체·민주당원과의 논쟁을 통해서 민중당 결성의 필요
성을 적극 홍보하였다. 그 결과 이 지역에서도 민중주의운동이 서서
히 일어나기 시작하였으며, 그중에서도 조지아가 가장 큰 성과를 얻
었다. 이는 캔사스의 제리 심슨과 메리 E. 리스의 홍보활동도 도움
이 되었지만, 그에 못지않게 조지아의 농민동맹 회원 토마스 E. 왓
슨(Thomas E. Watson)의 역할이 큰 힘이 되었다.[38]

---

37) Robert C. McMath, Jr., *American Populism*, 156.
38) Thomas E. Watson, "Why the People's Party Should Elect the
　　NextPresident" *Arena* 6(Oct., 1892), 201-4.

그는 1890년 당시 민주당 소속으로 하원의원에 함께 선출된 조지아 농민동맹의 의장 Lon Livingston과 경쟁관계에 있었으며, 이러한 원인은 두 사람의 민중당에 대한 시각이 상반되었기 때문이다. 즉 Watson이 민주당을 탈당하고 민중당 결성에 적극적으로 참여했던 반면, Livingston은 민주당에 남아 있으면서 민중당 결성을 반대하였다. 당시 왓슨은 《The People's Party Paper》紙를 통하여 신당 결성의 필요성을 역설하였으며, Livingston도 나름대로 자신의 조직을 동원하여 민주당을 옹호하였다.39)

이러한 양자 간의 치열한 공방은 이후 인디아나폴리스에서 열린 농민동맹 집회까지 계속되었다. 이 집회에서 Mall I. Branch라는 회원은 나름대로의 타협안을 제시하였으나, 이들의 관계는 더욱 악화되었다.40) 그리고 이는 두 사람 간의 개인적인 문제를 넘어서 남부의 농민동맹과 민중주의자들 전체에 큰 파장을 불러일으켰으며, 이러한 불화의 배경에는 민주당의 개입이 자리하고 있었다.

즉 민주당은 남부인들로 하여금 남부 농민동맹 내에서의 이견을 내부 문제가 아닌 남부 대 평원지대 간의 지역 갈등으로 비치게 하였으며, 이를 위하여 당 조직을 포함한 각종 언론매체를 동원하였다.

---

39) C. Vann Woodward, *Tom Watson: Agrarian Rebel.* (N.Y.: Macmillan Co., 1938), 185-86.

40) Branch의 제안은 농민동맹의 회원으로서 의원에 선출된 모든 사람들이 오칼라강령을 수용하지 않는 정당의 간부회의에 참석해서는 안 된다는 것이었다. 그러나 이는 Lon Livingston으로 하여금 민주당을 탈당하라는 의미로서 결코 타협안이 될 수 없었다. 왜냐하면 Livingston은 민주당 소속의 하원의원이었으며, 민주당은 결코 오칼라강령을 수용할 의도가 없었기 때문이다. *Ibid.*, 186-88.

이러한 방법은 상당한 효과를 거두어, 남부는 다시금 제3당에 대해서 이전의 배타적인 성격이 나타나기 시작하였다. 한 예로, 남부인이 민중주의운동에 참여하는 것은 곧 남부 문화에 대한 반대를 의미한다고 해석되었으며, 이들은 가족과 친구로부터 철저히 배척되었다.[41] 그 밖에도 조지아를 비롯하여 인접한 州들의 교회에서는 민중주의를 '남부 재산과 체제에 대한 위협'으로 간주했다. 이러한 상황은 Leonidas Polk의 죽음으로 한층 가속화되었는데, 이는 그가 남부인으로서 이제까지 남부와 평원지대 간의 지역갈등을 해소하는 데 큰 역할을 하고 있었기 때문이다.[42]

남부 지역에서의 열세에도 불구하고, 민중주의자들은 평원지대의 농민동맹을 중심으로 각종 개혁단체의 대표자들과 함께 1892년 2월 22일 세인트루이스에서 신당 결성을 위한 회의를 개최하였다. 이 회의의 강령은 미네소타의 이그내시어스 도넬리(Ignatius Donnelly)가 작성했는데, 이것이 이후 민중주의원칙이라 할 수 있는 오마하강령이 되었다.

1892년 7월 4일 드디어 민중당 최초의 전당대회가 네브라스카의 오마하에서 열렸으며, 총 대표자 1776명 중 약 1400여 명이 참석하였다. 당시 대통령 후보로 거론된 사람들로는 캔사스의 페퍼 상원의

---

41) 결국 Livingston을 포함한 대부분의 남부 농민동맹 지도자들은 민주당 간부회의에 참석하고, 토마스 E. 왓슨과 8명의 평원지대 민중주의자들만이 페퍼의 사무실에 모여 민중당 결성에 대한 모임을 가지게 되었다. Peter H. Argersinger, *Populism and Politics*, 107-10.
42) Leonidas Polk는 민중당이 결성되기 한 달 전인 1892년 6월에 사망하였으며, 당시 그는 민중당의 대통령 후보로 유력시되었다. 그리하여 일부 학자들은 만일 그가 대통령 후보로 선출되었다면, 남부의 상황은 현격히 달라졌을 것이라고 보고 있다. Robert C. McMath, Jr., *American Populism*, 165.

원과 심슨 하원의원, 사우스다코타의 James H. Kyle 상원의원, Walter Q. Gresham·제임스 B. 위버 등이었다. 그중에서도 위버는 1880년대의 그린백당 대통령 후보였다는 이점으로 대통령 후보로 선출되었으며, 남부의 전직 장군이었던 James G. Field가 부통령 후보로 지명되었다.[43]

민중당은 1892년 창당과 함께 민중당의 역사에 있어 가장 중요한 문서라고 할 수 있는 오마하강령을 채택하였다. 이 강령의 서문은 도넬리가 작성한 것으로 매우 설득력 있는 문장으로 민중주의자의 입장과 농민의 요구사항을 집약적으로 잘 표현하였다.[44] 더불어 공화·민주 양당의 제반 문제점을 비난하고 국민을 위한 개혁을 수행할 수 있는 민중당 창당의 명분을 강조하였다.

오마하강령의 서문은 도넬리가 새로운 정책 방안을 제시했다기보다는 과거 20년 동안 여러 농민운동과 노동단체에서 제기된 문제들을 민중주의의 이념으로 발전시킨 것이었다.[45] 따라서 서문에 제기

---

43) 맥매쓰의 견해에 의하면, 이때부터 민중당은 내적인 갈등과 분열이 본격적으로 나타나기 시작하였다. 특히 그는 위버가 1880년대에 민주당과의 연합으로 하원에 선출되었으며, 부통령 후보인 Field 또한 전당대회가 열리기 3주 전까지 민중당 참여를 망설였다는 점을 지적하였다. 이는 두 사람이 진정한 민중주의자와는 다소 거리가 있으며, 그보다는 Leonidas Polk와 페퍼를 민중주의의 진정한 대표자로 간주할 수 있다고 McMath는 주장하였다. *Ibid.*, 169-70.

44) 안윤모, "미국 민중주의운동의 이념에 대한 일고찰−1892년의 오마하강령에 대한 분석을 중심으로", 255.

45) 오마하강령은 이전의 여러 강령을 거의 그대로 따르고 있으나, 여성참정권에 관한 항목은 누락되었다. 이는 이후 평원지대에서 여성 민중주의자를 비롯한 여성운동가들로 하여금 격렬한 저항을 불러일으키는

된 내용은 1890년대에 새롭게 등장한 것이 아닌 19세기 후반 전체의 정치·사회·경제의 구조적인 문제들을 지적한 것이었다.

이 강령을 살펴보면, 서문은 6개의 단락으로·정강은 3가지 선언으로 구분되었다. 다음으로는 민중당의 요구사항과 함께 정책방향을 제시하고 있다. 이를 요약하면, 제1·3단락에서는 미국이 정치적·도덕적으로 파멸상태에 있다고 전제하면서, 정부의 무능과 부정부패를 비난하였다. 제2단락은 은본위화폐의 기능상실과 함께 통화수축 정책에 따른 농민들의 고통을 강조하였다. 제4단락은 민중당이 지향하는 정부는 소수의 특권층을 위한 것이 아닌 동포애에 기초한 국민 전체의 자유로운 정부라고 선언하였다. 제5·6단락은 통화·독점주의의 문제에 대하여 설명하고 있다. 다음으로 정강에서는 서문을 부연설명하고 민중당의 정책방향을 제시하고 있다.[46] 전술한 강령이 지향하는 해결책을 요약하면 다음과 같다.

> 우리는 도덕적·정치적·물질적으로 파멸의 위기에 봉착하고 있는 나라의 한복판에 서 있다. 사업은 위축되고, 가옥은 저당 잡혀 있으며, 노동자는 위축되고, 토지는 자본가의 수중에 집중되어 있다. 국가의 화폐주조권은 채권자를 부유하게 만드는 대신, 인민을 수백만 달러의 부담만 짊어지게 하였다. 특히 정부는 은화의 가치를 인정하지 않고 화폐의 공급을 줄임으로써, 고리대금업자를 살찌게 하고, 기업을 파산시키고, 산업을 금융에 예속시켰다. 이 밖에도 우리는

요인이 되기도 하였다. 한편 페퍼는 이러한 여권신장운동을 적극적으로 지지하였다. Robert C. McMath, Jr., *American Populism*, 161, 167-68.

46) 서문과 정강의 단락 구분은 안윤모, "미국 민중주의운동의 이념에 대한 일고찰", 256-67 인용.

양대 정당의 권력과 부패를 목격하였으며, 이에 우리가 정권을 장악하고 현명하고 합리적인 법률을 제정하여 악폐를 시정코자 한다.

富는 그것을 창조한 자의 것으로, 대가없는 노동으로부터 벌어들인 돈은 모두 도둑질이다. 농촌과 도시의 노동자의 이해관계는 동일하며, 따라서 그들의 적도 동일하다. 정부는 모든 철도·전신·전화 등을 소유하고 경영해야 한다. 현행 법정 비율인 16 : 1로 은화와 금화의 무제한 자유주조를 요구한다. 누진세를 적용하고 연이율을 2% 이하로 인하해야 한다. 우편저축은행을 설치하여 국민의 소득을 안전하게 보관하고, 교환을 용이하게 할 것을 요구한다. 토지는 인민의 유산이므로 투기를 목적으로 독점되어서는 안 되며, 외국인의 소유는 금지해야 한다. 그리하여 기업이 필요 이상으로 소유한 토지는 정부가 도로 찾고, 이를 실제 정착민으로 하여금 보유토록 해야 한다.47)

이와 같이 오마하강령의 항목들은 토지·운송·통화 등의 문제를 비롯하여 사회 전반적인 개혁을 요구하였다. 따라서 이 강령은 어느 특정 항목에 중점을 두는 것이라고 볼 수 없으며, 이는 이후 민중당이 다른 정당 즉 민주당과의 연합을 추진하는 과정에서 反연합주의자들이 연합을 반대하는 주요한 명분이 되었다.

---

47) 미국사 연구회, 『미국 역사의 기본 사료』(서울: 소나무, 1992), 174-75; 연동원, "1890년대 미국 민중주의운동의 소고 -William A. Peffer의 反연합(Anti-fusion) 활동을 중심으로-", 103-4.

V. 민중당과 연합

민중주의자들은 자신들이 목표한 대로 민중당을 결성했으며, 이는 당시 제3당으로는 가장 큰 세력을 형성하였다. 그러나 민중당은 출발부터 많은 난관에 부딪쳤다. 평원지대에서는 금주(禁酒)와 여성 참정권 문제로 당내 논쟁이 벌어졌으며, 남부에서는 흑인의 민중당 가입 여부에 대한 인종차별적인 문제가 심각했던 것이다.[1]

이러한 내적 갈등과 분열 이외에도 민중당을 더욱 취약하게 만든 것은 지지 기반이 주로 평원지대에 국한되었다는 점이다. 물론 남부에서 어느 정도의 표를 모을 수는 있으나, 민주당과 경쟁하기에는 한계가 있었다. 그리고 북동부에서는 남부보다 상황이 훨씬 심각하

---

1) 여성 참정권 논쟁은 특히 캔사스에서 격렬하였으며, 이는 여성운동가 인 메리 E. 리스와 애니 L. 딕스에 의해 주도되었다. 남부에서는 텍사스의 John B. Rayner와 노쓰캐롤라이나의 Walter A. Patillo 등 흑인 지도자들이 자체적으로 유색농민동맹을 결성하여 민중주의운동에 참가하였다. 그러나 이들 단체는 백인의 간섭을 많이 받았으며, 민중당 내에서도 종종 소외되었다. Annie L. Diggs, "Women in the Alliance Movement", 161-79; "The Farmers' Alliance and Some of its Leaders", 590-604; O. Gene Clanton, "Intolerant Populist? The Disaffection of Mary Elizabeth Lease", 189-200; William F. Holmes, "The Demise of the Colored Farmers' Alliance", 187-200; Sheldon Hackney, *Populism to Progressivism in Alabama*, 34-35; Barton Shaw, *Wool-Hat Boys*, 78-90; Robert C. McMath, Jr., "Southern White Farmers and the Organization of Black Farm Workers", *Labor History* 18(1977), 115-19.

여 공화당에 도전한다는 생각조차 하기 어려울 정도였다. 바꿔 말해서 평원지대를 제외하곤 공화·민주 양당과 경쟁해서 표를 끌어 모으기에 필요한 조직 기반이 거의 없었다. 더욱이 민중주의자들은 신당이 필연적으로 겪을 수밖에 없는 선거자금 부족과는 달리, 양대 정당이 대통령선거를 능률적이고 아무 무리 없이 치를 정도로 선거자금이 풍부하다는 점에서 심리적 압박감을 절실히 느꼈다.[2] 그리하여 민중당은 독자적인 힘으로 선거를 통하여 집권당이 될 수 있는지에 대해서 당내 논쟁이 벌어졌으며, 이와 함께 다른 정당과의 연합이 구체적으로 논의되었다.

연합에 대한 공통분모는 '은화의 자유주조'였다. 그러나 '은화의 자유주조' 항목으로 민주당과의 연합 추진에 대하여 격렬한 논쟁이 벌어졌으며, 이는 민중주의자들을 연합주의자 대 反연합주의자로 양분시킨 계기가 되었다. 이러한 내분 속에서 양측은 자신들이 진정한 민중주의자이며, 상대측을 민중당 분열과 약화의 장본인이라고 몰아세웠다. 그렇다면 양측의 견해 중 어느 쪽이 상대적으로 설득력이 있으며, 민중당 분열과 약화의 책임은 어느 쪽에서 져야 할까? 이를 알아보기 위해서는 우선 연합의 배경과 함께 민중당이 최초로 후보를 내세운 1892년 대통령선거를 비롯하여 1894년·1896년의 선거를 살펴보아야 할 것이다.

---

2) Robert C. McMath, Jr., *American Populism*, 166.

1. 1892년 선거와 연합의 발단

제임스 B. 위버는 1892년 대통령선거 유세를 하는 과정에서 공화·민주 양당에 비하여 선거자금의 압박과 조직의 부재로 큰 어려움을 겪었다. 그는 전국을 직접 돌며 유세한다고 공약하였으나, 사실상 동부를 제외한 평원지대·극서부·남부에서 집중적인 유세활동을 벌였다. 특히 위버는 평원지대에서 열렬한 환영을 받았던 반면, 남부에서는 그리 큰 호응을 얻지 못했다. 이러한 결과는 남부인의 보수적 성격과 함께 민주당의 선거공작에 기인하였다. 즉 민주당에서는 언론매체를 통하여 그가 북군으로 참전한 남북전쟁 기간동안 남군 포로들에게 잔악 행위를 했다고 폭로하였다. 또한 그가 남부에서 유세활동을 벌이는 동안, 유세장마다 조직원들을 보내 야유를 퍼부었다. 더욱이 위버의 유세에 참가한 강연자들은 주로 평원지대 출신으로서 지역적 한계를 나타내고 있었다.[3]

선거 결과, 위버는 캔사스를 중심으로 22개의 선거구에서 승리하였으며, 일반투표에서도 백여 만 표를 얻었다. 그러나 이는 평원지대와 중서부에 국한된 것으로, 알라바마를 제외한 남부 州들에서 3% 이상 표를 얻지 못하였다. 민중당은 남부보다 2배가 넘는 표가 달려 있는 북동부에서도 5% 미만의 득표를 하는 데 그쳤으며, 이는 기반이 없는 북동부를 유세하는 것이 효과가 없다고 본 위버의 잘못된 판단에서 비롯되었다.[4]

---

3) *Ibid.*, 176-77.
4) 민중당이 북동부 지역에서 거의 득표를 하지 못한 또 다른 원인은 민중당이 농민을 위주로 한 정당이라는 데 있다. 비록 오마하강령에는 농민

그리하여 민중당은 1892년 선거에서 외견상으로는 상당한 성공을 거두었으나, 제3당으로서의 지역적 한계를 드러냈다. 이에 반해 민주당의 글로버 클리블랜드(Grover Cleveland)는 지역 기반인 남부의 표를 그대로 유지하고 공화당의 벤자민 해리슨을 반대하는 표를 끌어들임으로써 대통령에 당선되었다. 그리고 그 이면에는 민중당이 평원지대에서 공화당의 표를 잠식함으로써, 민주당이 상대적 이익을 보았다는 점을 간과할 수 없다.[5]

선거 이후, 민중주의자들은 공화·민주 양당 어느 한 쪽과 연합하려는 논의가 활발하게 진행되었다. 이러한 연합 논의는 1880년대 말부터 네브라스카 지역에서 시작하여 민중당이 창당된 1890년에는 여러 지역으로 공공연하게 전파되었다. 그리고 이러한 연합 논의의 발단은 제3당이 아닌 주로 민주당에서 나온 것이었다. 1890년 11월 경, 클리블랜드는 주지사 George Glick·하원 후보 Thomas Moonlight와 함께 민

과 노동자를 똑같은 생산자로 규정함으로써 공동체 의식을 고취시키려하고 있으나, 여기에는 한계가 있다. 왜냐하면 농민과 노동자는 진정으로 통합된 운동을 전개하기에는 각자의 이익·관심·목적이 다르기 때문이다. 한 예로 농민들은 은화의 자유주조와 지폐 발행을 통한 통화팽창을 원하였던 반면, 임금 노동자들은 경화(硬貨) 중심의 화폐정책과 높은 임금을 지지했다. Samuel Gompers, "Organized Labor in the Campaign" *North American Review* 155(Jul., 1892), 91-96; Melvin Dubofsky, *Industrialism and the American Worker, 1865-1920*(Ill.: Harlan Davidson, Inc., 1975), 70.

5) 한편 농민동맹은 1891년 초부터 세력이 급격히 약화되었으며, 1892년의 선거는 사실상 이 단체를 사멸상태에까지 이르게 하였다. 이는 민중당의 출현과 민주당의 간섭으로 인하여 농민들이 농민동맹에 참여할 동기유인이 없어졌기 때문이다. Robert C. McMath, Jr., *American Populism*, 178.

주당 출신 민중당원들을 재정적으로 후원하기 위한 모임을 가졌다. 여기서 클리블랜드는 민주당 출신 민중당원 후원회를 통해서 공화당 출신 민중당원들과 당권경쟁을 부추기고, 민주당과의 연합을 자연스럽게 조성하려 했다.[6] 이러한 이면에는 연합이 성사될 때, 민주당 출신 민중당원에게 공천을 준다는 것도 전제되어 있었다. 또한 노동자연합 출신 민중주의자들이 공화당에 대해 갖고 있는 적대감을 이용하여, 이들에게도 접근하여 공화당 출신 민중당원들을 고립시키려 했다.

이러한 계획의 일환으로 각 지역의 민주당 신문은 민중당과의 연합의 필요성을 적극 홍보하였으며, 캔사스의 경우 《Kansas Democrat 》와 《Wichita Beacon》두 신문이 그 역할을 맡았다. 그리고 민중당 신문의 편집장인 J. E. Latimer를 통해서 민중당과 민주당 간의 연합의 필요성을 역설하는 기사를 게재토록 하였다.[7] 또한 캔사스 도심 지역에 조직된 시민동맹의 회원들을 이용하여 연합을 홍보했는데, 이들은 대다수가 민주당 출신의 민중주의자들이었다. 정치적 경험이 풍부한 이들은 자주 민주당원들과 접촉하였으며, 공화당 출신이나 연합을 반대하는 회원들과 마찰을 빚었다.[8]

사실 민주당은 처음부터 민중당과의 연합을 '상호협력'이 아닌 '흡

---

6) 안윤모, "도넬리와 미국 민중주의운동", 116; Peter H. Argersinger, *Populism and Politics*, 120-21.
7) Latimer는 노동자연합 출신으로서 《Pleasanton Herald》紙에 민주당 신문의 연합에 대한 기사를 그대로 게재하고, Glick과 상원후보였던 John Martin과 같은 민주당원들을 지지하는 등 민주당과의 연합의 필요성을 강조하였다. Peter H. Argersinger, *Populism and Politic*, 122.
8) *Ibid.*, 122-23, 165, 171.

수'로 간주하였다. 그리고 민중당의 일부 反연합주의자들도 처음부터 민주당의 연합 의도를 합병으로 판단하고, 연합에 대한 반대 의사를 언론매체에 공표했다. 특히 페퍼는 연합을 매우 부정적으로 평가했던바, 기존 정당을 통해서는 오마하강령의 항목들을 정책에 반영할 수 없다고 보았다. 왜냐하면 공화당과 민주당은 기득권 세력을 대표하며, 그러한 상황에서 전반적인 개혁이 이루어진다는 것은 불가능하다는 것이다. 또한 그는 미국 정치 현실에서 두 정당 간의 연합은 세력이 약한 정당이 큰 정당에 흡수된다는 것을 누구 못지않게 인식했다. 또한 자신의 연합 반대 의사에도 불구하고 연합을 부득이 할 수밖에 없다면, 민주당이 오마하강령을 채택한다는 기본 전제하에서 이루어져야 한다고 강조하였다.[9]

연합에 대한 페퍼의 입장이 처음으로 나타난 것은 1891년 7월경이며, 이때부터 그는 《Topeka Advocate》·《Kansas Farmer》·《National Watchman》[10] 등의 일간지를 통하여 민주당과 연합주의자를 격렬하게 비판하였다.[11]

---

9) 연동원, "1890년대 미국 민중주의운동의 소고", 106.

10) 《National Watchman》는 1892년 민중당의 상·하원의원들이 워싱턴에 세운 신문사로서, 페퍼는 여기에 연합을 반대하는 글을 자주 실었다. 당시 이 신문은 연합과 오마하강령의 축소에 대하여 반대를 표명함으로써, 그의 입장을 지지하였다. 하지만 이로 인하여 민주당과 민중당의 연합주의자들로부터 재정적 압박을 받았다. 이후 경영난으로 민주당에 흡수되었으며, 곧 연합지지 표명과 함께 페퍼를 비판하는 입장으로 돌아섰다. Peter H. Argersinger, Populism and Politic, 197-204, 207-14: William A. Peffer, Populism, Its Rise and Fall, 3, 25, 132-38.

11) 당시 맥럴린과 메리 E. 리스는 페퍼의 의견에 동조한다는 글을 여러 신문에 게재했으며, 이때부터 연합주의자와 反연합주의자 간의 내분이 본격화되었다. Peter H. Argersinger, Populism and Politics, 123.

2. 1894년 선거와 은화의 자유주조(free silver)

1892년 선거로 클리블랜드가 취임한 이후 미국은 곧 경제적 위기가 닥쳐왔으며, 이는 정부의 통화수축정책과 밀접한 관련이 있었다. 1893년의 불황은 1930년대 대공황이 나타나기 전까지 가장 큰 규모였다.[12] 당시 도시·농촌 할 것 없이 전국 각 지역이 경제적 고통을 겪었는데, 그중에서도 특히 평원지대의 농민들은 가뭄으로 극심한 곤경에 처해 있었다. 이러한 상황에서 정부는 1878년의 블랜드-앨리존법(Bland-Allison Act)과 1890년 셔먼은매입법(Sherman Silver Purchase Act)을 채택하여 은본위주의자·그린백주의자를 비롯한 여러 개혁단체와 농민들의 요구를 다소나마 수용하였다. 1890년 초에는 민중당원뿐만 아니라 많은 수의 공화당원과 민주당원도 통화팽창의 일환으로 '은화의 자유주조'를 지지하였다.[13]

그러나 클리블랜드는 공황의 근본적인 원인이 금 보유량의 감소와 그에 따른 외국 투자가들의 위축과 신용의 동요에서 비롯되었다

---

12) 당시 1893년 말의 불황을 살펴보면, 1만 5천여 개의 기업이 도산하고 그중에는 미국에서 가장 큰 5개의 철도회사도 포함되었다. 그리고 전국의 산업노동자 중 20%가 실직했는데, 특히 시카고의 경우 1893년 겨울에만 75,000명의 노동자가 직장을 잃는 고통을 겪었다. 이러한 현상은 농촌에도 밀어닥쳐 농산물 가격은 생산비도 안나올 정도로 하락하였으며, 특히 평원지대는 가뭄이 극심하여 어느 지역보다 그 고통이 컸다. 맥매쓰는 이러한 불황의 책임을 당시 주지사였던 클리블랜드에게 돌리고 있으며, 그 증거로 통화수축정책의 추진을 들었다. 즉 농민들의 경제적 곤란을 간과 혹은 이해하지 못한 상황에서 이러한 실책을 범했다는 것이다. Robert C. McMath, Jr., *American Populism*, 181.
13) John D. Hicks, *The Populist Revolt*, 305-6.

고 보고 금본위제를 유지하기 위하여 셔먼은매입법을 폐지하였다.14)
이러한 통화수축정책은 당시 평원지대와 남부에서 격렬한 반대를
가져왔으며, 심지어 민주당 내에서도 내분이 일어날 정도였다. 윌리
엄 제닝스 브라이언의 다음과 같은 주장은 당시 민주당이 어떠한
분위기에 있었는가를 잘 나타내고 있다.

> 클리블랜드씨가 선거에서 셔먼은매입법의 폐지를 주장했다면, 그가
> 과연 대통령에 당선될 수 있었을까? 우리가 20년 동안 비난해 온
> '1873년의 죄악'을 이제 와서 축복으로 받아들여야 한다고 사람들에
> 게 주장하면서 과거로 거슬러 올라갈 수 있을까?15)

클리블랜드의 셔먼은매입법 폐지는 정당을 불문하고 격렬한 논쟁
의 대상이 되었으며, 이로 인하여 '은화의 자유주조' 항목이 민주당은
물론 민중당 내에서도 가장 중요한 문제로 부각되었다. 그러나 사실
오마하강령의 옹호자들과 기타 급진적인 개혁가들은 '은화의 자유주
조' 항목만으로 미국 경제가 직면한 구조적인 병폐를 해결할 수는 없
다고 보았다. 그보다는 이 항목을 통하여 '금권 세력과 국민 간의 갈
등'이라는 수사적 틀을 형성하여 민중당 홍보에 도움이 될 것이라고
보았다. 더불어 연합주의자들로 하여금 이 항목을 공통분모로 하여
다른 정당과의 연합 명분을 제공할지 모른다는 우려를 갖게 했다.16)

---

14) *Ibid.*, 311-12.
15) Robert C. McMath, Jr., *American Populism*, 185.
16) 한 예로, 헨리 D. 로이드(Henry D. Lloyd)는 '은화의 자유주조' 항목
으로 민중당과 기존 정당이 협력하는 것에 대하여 '개혁운동의 소새
(the cowbird of the Reform movement)'라고 하였다. 로렌스 굿윈은
이를 엽관자들이 진정한 민중주의를 흉내 내고 결국은 대체하려는 기

그리고 이들의 예상대로, 민중당의 연합주의자들은 이 항목을 명분으로 민주당과의 연합을 적극 추진하고, 1894년 선거를 대비하였다. 그러나 이는 모든 민중주의자들의 일치된 입장이 아닌바, 이때부터 민중당은 연합파와 反연합파로 명확하게 갈라지게 되었다.

1894년 선거를 앞두고서, 양측으로 갈라진 민중주의자들은 각자의 입장을 관철시키고자 경쟁을 벌였으며, 그중에서도 캔사스를 비롯한 평원지대의 州들은 상황이 심각하였다. 당시 평원지대의 연합주의자들을 살펴보면, 캔사스에는 주지사 로렌조 D. 루웰링(Lorenzo D. Lewelling)과 캔사스 민중당 의장 John Breidenthal을 비롯하여 John Martin 상원의원 · 제리 심슨 하원의원 · William Harris 하원의원 · J. W. Fitzgerald · 《Plesanton Herald》 편집장 J. E. Latimer · 여성 지도자인 애니 L. 딕스 등이 있었다. 반면 反연합주의자[17]로는 페퍼 상원의원을 비롯하여 John Otis 하원의원 · John Willits · Gasper C. Clemens · William F. Rightmire · John Davis · Benjamin H. Clover · William Baker · Frank Doster · W. O. Champe · A. J. R. Smith 등이 있었다.[18]

회주의적 산물이라고 하였다. Henry D. Lloyd, "The Populists at St. Louis," *Review of Reviews* 14(Sep., 1896), 298-303; Lawrence Goodwyn, *Democratic Promise*, 432-36.

17) 反연합주의자는 중도파(Mid-Roaders)라는 말로도 자주 혼용하여 사용하고 있는데, 이는 1892년의 선거운동에서 비롯되었다. 즉 민중주의자들은 민중당을 북부의 공화당과 남부의 민주당 사이에 있는 지역들을 기반으로 형성코자 했으며, 그러한 의미에서 'in the middle of the road'라는 용어가 나오게 되었다. Lawrence Goodwyn, *Democratic Promise*, 426; Peter H. Argersinger, *Populism and Politics*, 86, 92, 126-27.

네브라스카의 주요한 연합주의자에는 William V. Allen 상원의원·W. L. Stark 하원의원·W. H. Fall 등이 있으며, 反연합주의자로는 농민동맹 출신 지도자 Joseph Maycock의 두드러진 역할을 제외하곤 거의 없었다. 이러한 요인은 특히 이 지역에서 민주당의 브라이언과 J. Sterling Morton의 적극적인 연합 추진 활동에 기인되죠.[19]

오클라호마에서는 민중당 지부가 설립되는 데 있어서 앞서 언급한 두 州와는 달리 민중당과 민주당의 협력으로부터 비롯되었다. 그러면서도 민중주의자들은 민주당과의 연합에 대해서는 의견이 일치하지 않았다. 이 지역의 대표적 연합주의자로는 Roy Hoffman·S. B. Oberlnd를 들 수 있으며, 反연합주의자로는 레오 빈센트·John Allan 등이 주도적인 역할을 하였다.[20]

사우스다코타에서는 James H. Kile 상원의원이 대표적 연합주의자였던 반면, 농민지도자 Henry L. Loucks가 反연합의 주도적 역할을 하였다.[21] 텍사스에서는 《Southern Mercury》紙의 Milton Park가 反연합 측의 대변인 역할을 했던 반면, Cyclone Davis는 다른 州

18) 연동원, "1890년대 미국 민중주의운동의 소고", 96.
19) Robert W. Cherny, *Populism, Progressivism, and the Transformation of Nebraska Politics*, 39-48, 50, 64, 84-85.
20) 캔사스와 네브라스카 민중주의자들은 다른 정당의 원조나 협조 없이 거의 독자적으로 당 기구를 조직했던 반면, 오클라호마의 민중주의자들은 처음부터 민주당의 후원을 받으면서 민중당을 조직했다. Worth R. Miller, *Oklahoma Populism*, 99, 102, 132, 141, 153-54, 165, 170-73, 243.
21) Kenneth E. Hendrickson, "Some Political Aspects of the Populist Movement in South Dakota" *North Dakota History* 34 n.1(Wint., 1967), 77-92.

들의 연합 지도자들과 연계하여 텍사스를 이끌었다.[22] 또한 초기 민중주의 운동 지도자들인 Thomas Gaines · H. E. McCulloch · Thomas L. Nugent · Evan Jones · Stump Ashby · Thomas P. Gore 등은 모두 反연합을 표방하였다.[23]

전술한 민중당의 연합주의자들은 민주당과의 협력을 추구하였으나, 그렇다고 해서 공화당을 전적으로 배제하진 않았다. 다시 말해서 연합주의자들은 각 州마다 공화 · 민주 양당 중 약한 쪽과 연합을 해서 공직을 양분하려 했다. 그리하여 평원지대와 북동부 지역에서는 민주당과 연합을 한 반면, 남부에서는 공화당과 종종 협력을 하였다. 한 예로 노쓰캐롤라이나의 Marion Butler는 공화당과 연합을 해서 상원의원에 당선되었다.[24] 즉 민중주의자들은 상황에 따라서 어느 한쪽 정당과 협력하였으며, 단지 민주당과의 연합 비율이 높았을 뿐이었다. 이러한 양상은 1894년 선거에서 분명하게 나타났으며, 특히 평원지대가 두드러졌다.[25] 남부의 노쓰캐롤라이나도 어

---

22) Roscoe C. Martin, *The Peoples' Party in Texas*, 246, 248.
23) 이 밖에도 연합 측의 주도적 인물로는 1892년 민중당의 대통령 후보였던 아이오아의 위버를 비롯하여 노쓰캐롤라이나의 Marion Butler 상원의원 · 일리노이 출신의 민중당 전국위원회 의장 타우베넥 등이 있었다. 한편 反연합 측에는 오마하강령을 작성했던 미네소타의 도넬리 · 조지아의 농민지도자로서 1896년 선거에서 민중당의 부통령 후보였던 왓슨 · 시카고의 헨리 D. 로이드 · 콜로라도의 주지사인 Davis Waite · 보스톤 출신의 농민지도자인 George F. Washburn 등이 있었다. William A. Peffer, *Populism, Its Rise and Fall*, 17, 21, 96, 155.
24) Marion Butler에 관해서는 James L. Hunt, "The Making of a Populist: Marion Butler, 1863-1895 〈Part Ⅰ-Ⅲ〉" *North Carolina Historical Review* 62 n.1-3(Jan., 1985), 53-77, 179-202, 317-43 참조.
25) 1894년 선거에서 민중당이 다른 정당과 연합을 한 비율은 네브라스카

느 州들 못지않게 민중주의자들이 연합을 추진하였다.[26]

선거 결과, 민중당은 전체적으로는 150만 표를 획득함으로써 1892
년보다 50만 표 정도 늘어났지만, 연방의회 의원 수는 오히려 줄어
들었다. 즉 민중당 후보자들은 남부를 제외한 거의 전 지역에서 고
전을 면치 못했는데, 그 이면에는 연합으로 인하여 민중당의 영향력
이 이전보다 약화되었음을 의미하였다. 예를 들어, 캔사스 주지사
루웰링·아이오아의 위버·콜로라도 주지사 Davis Waite의 낙선 등
은 민중당의 실상을 드러냈다고 하겠다.

결국 1894년 선거에서 승리를 거둔 쪽은 공화당이며, 이는 1892년
선거와는 정반대 결과였다. 즉 1892년의 선거에서 동부의 노동자들
이 공화당에 대한 반대 표시로 민주당을 지지한 것과 마찬가지로
1894년의 선거에서는 평원지대에서 클리블랜드 대통령에 대한 반대
로 민중당보다는 집권할 가능성이 높은 공화당을 지지했던 것이다.
그 예로써, 캔사스에서는 주지사를 포함하여 대부분의 의원 선거에
서 민중당원들이 낙선하고 공화당원이 당선되었다.[27]

평원지대 민중주의자들의 내분 또한 선거에 큰 영향을 끼쳤다. 이
내분의 배경에는 여러 원인이 있었지만, 그중에서도 기존 정당과의
연합 문제가 가장 직접적이었다. 그리고 1894년 선거에서 캔사스의
민중주의자들이 평원지대의 어느 州 입후보자보다 많이 낙선함으로

의 경우, 전체 선거의 49.06%에 달했다. 그리고 캔사스는 38.96%·사
우스다코타는 35.47%·노스다코타는 22.06%·텍사스는 36.13%였다.
John D. Hicks, *The Populist Revolt*, 337.

26) 노스캐롤라이나는 민중당·공화당 간의 연합이 州 전체 선거의
53.78%를 차지하였다. *Ibid.*, 337.

27) 본 연구의 APPENDIX, 137-42 참조.

써, 민중주의운동의 중심지로서의 기반이 상당히 약화되었다.[28]

1894년 선거 결과는 남부에서 민중당의 세력을 신장시켰다. 즉 민주당의 세력 기반이라 할 수 있는 남부에서 클리블랜드의 정책은 농민들로 하여금 민주당에 대한 실망과 함께 민중당에 대해 이전보다 호감을 가졌다. 그리하여 1893-94년 동안, 남부에서는 적지 않은 민주당원들이 민중당으로 지지를 옮겼다. 그러나 이들은 오마하강령 그 자체를 지지한 것이 아니라 민주당 정책에 대한 불만과 '은화의 자유주조' 항목에 대한 지지였다.[29]

한 예로, 조지아의 James K. Hines는 클리블랜드의 통화 정책에 반발하여 민주당으로부터 민중당으로 당적(黨籍)을 옮겼다. 그는 주지사 선거유세에서 오마하강령은 언급하지 않고 오직 통화수축정책에 대한 비난과 함께 '은화의 자유주조' 항목에 초점을 맞추었다. 이와는 달리 함께 유세에 나섰던 왓슨은 '은화의 자유주조'를 포함한 강령 전체를 강조하였다.[30]

---

28) 맥매쓰는 1894년의 선거 결과를 캔사스의 공화당원들이 민중당 사멸을 위한 모의 장례식을 거행한 것으로 비유하였다. 또한 Argersinger는 이 선거를 계기로 하여 캔사스 민중주의의 창의적이고 급진적인 성격이 사라졌다고 했다. Robert C. McMath, Jr., *American Populism*, 195; Peter H. Argersinger, *Populism and Politics*, 86, 92, 126-27.

29) 맥매쓰는 남부의 민주당원들이 오마하강령이나 그린백주의를 거의 이해하지 못했다고 보고 있다. Robert C. McMath, Jr., *American Populism*, 196.

30) 한편 노쓰캐롤라이나는 민중당과 공화당이 연합을 하여 각각 4명과 3명의 의원들을 당선시켰으며, 조지아·알라바마 등 거의 남부 전역에서 민중주의자들은 종전보다 세력이 증대하였다. 그러나 이들은 대개 민중주의운동 초기부터 활동한 사람들은 아니었으며, 단지 정치적 계산하에서 연합 활동을 했다고 볼 수 있다. John D. Hicks, *The*

이와 같이 민중당은 1894년의 선거를 계기로 하여 한계를 절실히 느꼈으며, 그와 함께 다른 정당과의 연합 추진에 박차를 가하였다. 선거가 끝난 직후, 민중당 전국 위원회 의장 타우베넥은 선언하기를, 민중당은 단지 '은화의 자유주조' 항목에 집중하고 나머지 민중주의 원칙들을 배제시키기로 했다. 이러한 그의 주장은 많은 민주당원들이 '은화의 자유주조' 항목을 지지한다는 점에서 이를 공통분모 혹은 명분으로 하여 연합을 하려했기 때문이다.[31] 타우베넥은 곧 위버·William V. Allen·제리 심슨을 비롯한 연합주의자들로부터 지지를 받았으며, 더불어 서부의 은광 관계자들로부터 상당한 로비 자금을 얻었다.[32] 그러나 反연합주의자들은 '은화의 자유주조' 항목만으로는 개혁이 충분치 못하고 오마하강령 항목 전체를 고수해야 한다고 하였으며, 최근에 민주당을 탈당한 남부의 민중주의자들도 타우베넥을 비난하였다.[33]

Populist Revolt, 329-31, 333-39.

31) 맥매쓰는 주장하기를, 1890년대의 '은화의 자유주조'를 지지하는 운동이 이전의 통화팽창 이념을 근거로 한 것이지만, 그보다는 셔먼은매입법의 폐지 후에 나타난 정치적 변화에서 당세를 확장하기 위한 것이라고 하였다. Robert C. McMath, Jr., *American Populism*, 199.

32) 서부의 은광 관계자들은 '은화의 자유주조'를 통하여 이익을 보고자 타우베넥을 비롯한 연합주의자들과 각 정당의 정치인들을 상대로 로비를 했다. 특히 미국복본위제연맹은 막대한 자금을 들여 이를 홍보하였다. 당시 이 단체의 의장 William H. Harvey는 신문·집회·강연을 통하여 산업자본주의의 해악을 비판하면서, 이를 은화문제와 결부시켜 무제한 은화주조의 필요성을 강조하였다. Richard Hofstadter, *The Age of Reform*, 75-77, 104-6.

33) 그러나 이들 남부 민중주의자들이 평원지대의 反연합주의자들과 마찬가지로 연합을 반대하였으나, 그 배경에는 차이점이 있다. 즉 민주당

한편 민주당의 브라이언은 타우베넥의 선언에 적극적인 지지를 표명했으며, 서부와 남부를 여행하면서 '은화의 자유주조'의 필요성을 강조하였다.[34] 그리고 1895년 멤피스에서 열린 미국복본위제연맹(American Bimetallic League) 회의에 참석하여 민주당의 은본위주의자들과 민중당이 함께 '은화의 자유주조' 운동을 벌이자고 역설하였다. 브라이언의 이러한 주장은 곧 민중당과 민주당의 연합을 제의한 것이었으며, 이는 당시 연합을 고려하고 있던 민중주의자들에게 큰 호응을 불러일으켰다. 이후 그를 포함한 민주당의 은본위주의자들과 민중당의 연합주의자들 그리고 일부 '은화의 자유주조'를 지지하는 공화당원들이 이 항목을 중심으로 연합을 적극 추진하였다.

결국 이러한 정치 상황은 민중당 내에서 反연합주의자들에게 불리하게 작용하였다. 그러나 反연합주의자들은 그리 쉽게 타협을 하려 하지 않았으며, 이러한 현상은 평원지대에서 두드러졌다. 특히 캔사스의 反연합주의자들은 '은화의 자유주조' 항목으로 민주당과의 연합을 추진하는 데 대해서 격렬한 반대활동을 벌였다. 이러한 反연합 측의 대표적인 인물로 페퍼 상원의원을 들 수 있다. 그는 신문·잡지 등 각종 대중매체와 강연·집회를 통하여 비록 민중당원이 소

으로부터 당적을 옮긴 일부 남부 출신 민중주의자들은 민주당과의 연합으로 자신들이 소외될 것이라는 정치적 이해관계에서 연합을 반대하였다. 그러나 평원지대의 反연합주의자들은 대체로 오마하강령 전체를 정책에 반영해야 한다는 순수한 정치관에서 연합을 반대한 것이었다. Robert C. McMath, Jr., *American Populism*, 199.
34) 브라이언의 '은화의 자유주조'에 관한 견해는 사실 1892년 말부터 나왔으며, 타우베넥의 선언이 있기 전부터 이에 대한 홍보활동을 하였다. *Ibid.*, 200-1.

수에 불과하지만 공화·민주 양당 어느 한쪽을 지지하지 말고 독자성을 유지할 것을 강조하였다. 또한 그는 비록 민중당이 민주당과의 연합으로 승리를 한다고 하더라도 이는 민주당의 승리이지 결코 민중당의 승리가 아니라고 하였다. 왜냐하면 이는 민주당의 힘을 빌어서 이루어진 것이므로, 민주당의 간섭이 필시 따를 것이기 때문이다. 페퍼는 민중당이 비록 집권하지 못하더라도 장기적 안목에서 연합을 피하는 것이 민중당에 도움이 되며, 민주당과의 연합은 반드시 민중당의 사멸을 가져올 것이라고 경고하였다.[35]

이후 페퍼는 캔사스개혁신문협회·전국개혁신문협회와 연계하여 연합을 반대하는 활동을 하였다. 특히 캔사스개혁신문협회에서는 자신과 의견을 같이 한 맥럴린으로 하여금 캔사스 지역에서의 反연합 활동을 적극 후원하였다. 더불어 캔사스 지역에서 영향력이 있었던 John Otis · John F. Willits · Gasper C. Clemens · W. O. Champe · William F. Rightmire · Benjamin H. Clover · William Baker · A. J. R. Smith · Frank Doster · John Davis 등과 연계하여 활동을 하였다.[36] 이들은 1894년 6월 Otis를 의장으로 캔사스反연합민중당연맹

---

35) 연동원, "1890년대 미국 민중주의운동의 소고", 106-7.
36) 이들은 대개 공화당 출신으로 이전에 그린백당 혹은 그랜지에서 활동을 했었다. Rightmire는 전국시민동맹의 간사, Davis와 Baker는 하원의원, Willits는 농민동맹 의장(1895-6), Doster는 캔사스 대법원장(1896), Champe와 Smith는 《Kincaid Kronicle》과 《Topeka Populist》편집장을 역임하였다. 특히 Benjamin Clover는 캔사스에 농민동맹을 확산시키는 데 주요한 역할을 했을 뿐만 아니라, 민중당이 전국적인 정당으로 성장하는 데에도 공헌다. 또한 1890년 하원의원으로 당선된 Clover는 이후 反연합 활동에 주력하였다. William A. Peffer, *Populism, Its Rise and Fall*, 4, 34-40, 51, 57-58, 62-63, 81-83; Peter H. Argersinger,

(Anti-Fusion People's Party League of Kansas)을 조직하였으며, 1895년에는 남부와 중부를 돌면서 反연합과 오마하강령의 고수를 위한 대중집회를 가졌다.[37) 또한 이들은 《워싱턴포스트》와 《시카고트리뷴》 등을 통하여 연합의 부당성을 주장했으며, 이그내시어스 도넬리 · 토마스 E. 왓슨 · 헨리 D. 로이드(Henry D. Lloyd)를 비롯한 反연합주의자들로부터 지지를 받았다.[38)

한편, 네브라스카에서는 Joseph Maycock을 중심으로 反연합운동을 벌였으며, 1892년에는 농민동맹 출신 민중주의자들이 링컨에 모여 反연합 집회를 갖기도 하였다. 그러나 이러한 운동에는 지역적으로 한계가 있었다. 즉 네브라스카에는 정열적인 민주당원인 브라이언을 비롯한 은본위주의자들의 영향력이 너무나 막강하여, 反연합 민중주의자들의 활동은 안팎으로 어려움에 처하였다. 그리하여 네브라스카 민중주의자들은 1892년 선거에서만 다른 정당의 원조 없이 승리했을 뿐 1894년 이후에는 민주당의 영향하에 있었다고 볼 수 있다. 이는 反연합 민중주의자들이 1894년을 정점으로 하여 급격하게 약화되었다는 것을 의미하고 있다.[39)

네브라스카의 민중주의를 중점 연구한 스탠리 B. 파슨스는 이 지역의 공화당 파벌주의가 민중당과 민주당의 연합에 도움을 주었다고 하였다. 한 예로 1894년 공화당 전당대회에서 Edward Rosewater는 주지사 후보로서 개혁주의자를 지지하였으나, 자신의 경쟁자인

Populism and Politics, 137-44.
37) Peter H. Argersinger, *Populism and Politics*, 171.
38) *Ibid.*, 235-36, 262.
39) Robert W. Cherny, *Populism, Progressivism, and the Transformation of Nebraska Politics*, 44-47.

보수적 공화당원이 당선되었다. 이후 Rosewater를 비롯한 급진적 공화당원들은 같은 공화당후보를 지지하지 않고, 오히려 민중당·민주당 연합후보를 후원하였으며 ─ 결국 민중당의 Silas A. Holcomb가 당선되었다.40)

오클라호마에서도 일부 민중주의자들은 '은화의 자유주조' 항목으로 민주당과 연합을 하는 데 대하여 비난했으나, 이들을 철저한 反연합주의자로 간주할 수는 없다. 왜냐하면 상당수의 민중주의자들이 연합을 부정적으로 보면서도, 오마하강령 항목을 대폭 수용한다면 연합을 받아들이겠다고 했기 때문이다. 특히 이들은 오마하강령을 '1776년의 독립선언문 이후 가장 심오한 권리 선언'이라고 격찬함으로써, 이 강령에 절대 지지를 표명하였다.41) 反연합주의자들은 대체로 오클라호마 민중당 지부가 설립되었을 때부터 지도적 민중주의자들이었으며, 대표적인 인물로는 레오 빈센트·George Gardenhire·Samuel Croker·John S. Allan 등이 있다. 그중에서도 Allan은 빈센트와 함께 反연합의 주도적 역할을 했으며, 《Norman Peoples Voice》 편집장으로서 州입법부에 反연합 법안(antifusion law)을 통과시키는 데 주력하였다.42) 그러나 처음에는 反연합 입장을 취했던 Allan은 1894년 들어서 자신의 태도를 갑자기 바꾸어 '은화의 자유주조' 항목으로 민주당과 연합을 하는 것이 오마하강령의 모든 항목을 포함할 수도 있다고 주장하였다.

---

40) Stanley B. Parsons, *The Populist Context*, 91-93.
41) 또한 이들은 의회로 하여금 인디언 거주 지역에 백인들이 정착할 수 있도록 요구하였다. Worth R. Miller, *Oklahoma Populism*, 68-69.
42) *Ibid.*, 98-99, 132-33.

반면 빈센트와 여러 민중당 관련 신문과 잡지 편집장들은 대부분
反연합을 고수하고, 다른 州들의 언론매체와 연계하여 활동하였
다.43) 특히 빈센트는 反연합 민중주의자와 구별하여 연합 민중주의
자들을 경계해야 할 대상이자 '풋내기 은본위 민중주의자들'이라고
일갈했다. 그는 연합주의자인 S. B. Oberland와 연합에 대하여 논쟁
을 벌였으며, 여기에는 反연합주의자인 E. H. Spencer도 참여하였다.
당시 Spencer는 다음과 같이 민주당과의 연합 반대론을 피력했다.

> 원래부터 민주당은 민중당과 동맹관계가 될 수 없다. 만일 민중당
> 과 민주당 간에 유사점이 있다면, 민중당·공화당 간에도 마찬가지
> 로 유사점이 있을 것이다. ······ 민중당이 공화·민주 어느 정당과
> 연합을 하던 간에, 이는 민중주의원칙(오마하강령)에 손상을 입히
> 며, 결국 민중당은 사멸할 것이다.44)

전술한 바와 같이 평원지대의 反연합주의자들은 불리한 상황하에
서도 민주당과의 연합을 계속하여 반대하였다. 그러나 이들도 1896
년에 들어서면서 브라이언을 비롯한 민주당의 은본위주의자와 연합
민중주의자의 공세에 밀려 결국 연합을 받아들일 수밖에 없었다.

---

43) 대표적인 反연합 신문매체로는 전국신문개혁협회와 왓슨의 《Peoples
Party Paper》·헨리 빈센트의 《Chicago Sentinel》·캔사스의 《Topeka
Advocate》·《Kansas Farmer》 등이 있다. 더불어《Enid Coming Events》
의 편집장 Ralph Bray는 《Southern Mercury》·《Coming Nation》과 같
은 反연합을 표명하는 신문사를 후원하였다. Ibid., 136-37.
44) Ibid., 137-39.

3. 1896년 선거와 민주당과의 연합

1894년 선거 이후, 민중당의 연합주의자와 민주당의 은본위주의자는 주도권을 더욱 확고히 하기 위하여 反연합 지도자들을 고립시켰다. 이러한 움직임은 평원지대에서 두드러졌으며, 그중에서도 캔사스의 페퍼를 주요 목표물로 삼았다.

연합주의자들은 페퍼의 정치적 영향력을 약화시키기 위하여 페퍼와 가까운 John Otis와 Benjamin H. Clover를 공직에서 물러나게 하고, William A. Harris[45]를 하원 후보로 선출하였다. 이 밖에도 캔사스에서 상원·하원·주지사·기타 공직에서 철저하게 페퍼의 주변 인물들을 배제시켰다. 이에 대해 페퍼가 동료들의 재선운동을 벌였으나, 연합주의자들은 민주당 자금력의 후원하에 자신들의 입장을 지지하는 후보를 선출시키는 데 성공하였다. 당시 캔사스 주지사 루웰링·John Martin 상원의원·John Breidenthal 캔사스 민중당 의장은 모두 민중당 내에서 영향력이 강한 연합주의자로서, 이들은 페퍼를 정치적으로 완전히 고립시켰다.[46]

이들 연합주의자와 함께 캔사스의 제리 심슨 하원의원도 연합을 추진하는 데 앞장을 섰으며, 페퍼를 신랄하게 비난하였다. 심슨의 연합에 대한 지지는 1892년 이후에 구체적으로 나타나고 있으나, 사실 그 이전부터 민주당과 아주 친밀한 관계를 유지하고 있었다. 이

---

45) Harris는 민주당 출신의 민중주의자로서, 1892년 Otis를 제치고 민중당 하원의원으로 선출되었다. William A. Peffer, *Populism, Its Rise and Fall*, 76.

46) Peter H. Argersinger, *Populism and Politics*, 76-77, 131-36, 149, 273.

는 그가 하원의원으로 선출되는 등, 정치생명을 지속하는 데 있어서 민주당의 도움이 컸기 때문이다. 그리하여 민주당은 비록 심슨이 민중당 소속으로 선출되었음에도 불구하고, 그를 민주당원으로 간주할 정도였다. 그는 공개석상에서 민주당의 임무는 끝이 났으며, 민중주의자들이 자신을 따라 민주당으로 향해야 한다고 주장하였다.[47]

이러한 상황에서 공화당 출신의 反연합주의자들이 탈당, 공화당으로 이적하는 일이 잇따랐다. 예를 들어 페퍼와 아주 가까웠던 Clover, 민중당 창당에 주요 역할을 했던 John H. Rice, 연설가인 Benzamin Matchett, 하원 후보였던 A. F. Allen · W. S. Cade가 공화당으로 돌아갔다.[48]

캔사스와 함께 네브라스카에서도 反연합의 주도적 인물인 Joseph Maycock이 연합 민중주의자들이 민중당의 이념을 배신했다는 이유에서 탈당하였으며, 그 밖의 민중주의운동 초기의 대표적 개혁가들이 정치를 그만두거나 혹은 다른 정당으로 이적하였다.[49] 이러한 현상은 오클라호마 · 사우스다코타 · 노스다코타에서도 마찬가지였다. 텍사스와 남부 지역 특히 조지아에서도 민중당의 연합주의자들이 反연합주의자들을 회유 혹은 고립시키려 했으나, 대부분의 反연합주의자들은 타협하지 않았다.[50]

---

47) 심슨은 1896년 세인트루이스 전당대회에서는 왓슨 대신 민주당의 Arthur M. Sewall을 부통령 후보가 되도록 선거운동을 벌이기까지 하였다. 이후 그는 더욱 적극적으로 민중당이 민주당에 흡수되도록 하는 활동을 하였으며, William A. Harris와 협력하여 페퍼의 민중당에서의 정치적 입지를 제거하였다. *Ibid.*, 204, 241-42, 267, 287, 293.
48) *Ibid.*, 144, 180-81, 265.
49) Stanley B. Parsons, The Populist Context, 84-85.
50) C. Vann Woodward, *Tom Watson*, 289, 293-94.

1896년 1월, 브라이언은 타우베넥과 위버에게 민중당 전국 위원회 (Populist National Committee)의 개최를 민주·공화 양당의 전당대회가 끝난 이후로 연기해 줄 것을 부탁하였다. 이는 공화·민주 양당 중 어느 한 쪽(물론 민주당을 의미하지만)에서 은본위주의자가 후보로 지명된다면, 많은 민중주의자들도 은화라는 공통분모로 연합할 수 있다는 정치적 계산이 깔려 있었다. 그러나 反연합주의자들은 이러한 의도를 알아차리고 예정대로 회의를 개최할 것을 촉구하였다.[51]

1896년 1월, 민중당의 연합주의자들은 '전당대회 연기'와 '민주당과의 연합'을 논의코자 당간부회의를 소집하였다. 여기서 反연합주의자들은 전당대회를 예정대로 개최할 것과 다른 정당과의 연합을 반대하는 연설을 하였다. 그러나 당시 13명의 대표적 민중주의자들이 참석하여 투표를 한 결과 — 反연합주의자의 수적 열세에 의하여, 결국 전당대회는 1896년 7월 22일로 연기되었다. 이는 물론 공화·민주 양당이 후보자를 지명한 이후였다.[52]

공화당은 전당대회에서 오하이오 출신의 하원의원이었던 윌리엄 맥킨리(William McKinley)를 지명하였다. 그는 금본위제를 지지한다는 점에서 민주당의 클리블랜드와 공통점을 보이고 있으며, 그리 큰 반대 없이 공화당의 대통령 후보로 지명되었다.

그러나 민주당 전당대회는 공화당과 사정이 달랐다. 즉 남부와 서부의 민주당 집회에서는 빈번하게 '은화의 자유주조'를 지지하고 클리블랜드 대통령 후보지명 반대를 표명하였다. 그리하여 시카고에서 열린 전당대회에 모인 많은 대표자들은 클리블랜드의 후보지명을

51) Peter H. Argersinger, *Populism and Politics*, 235-38.
52) Robert C. McMath, Jr., *American Populism*, 202.

막기 위하여 선거공약에 '은화의 자유주조' 항목을 내세웠으며, 그가
대통령 재임기간 추진되었던 다른 정책들도 대부분 거부하였다.

이러한 상황에서 사우스캐롤라이나의 Ben Tillman이 스스로 대통
령 후보로 나설 것을 표명했으나, 그가 연설 중에 남부의 흑인차별
에 대한 신랄한 비난을 한 것이 남부의 대표자들로 하여금 거부감
을 갖게 하였다. 다음으로 나선 후보가 윌리엄 제닝스 브라이언이었
다. 그가 내세운 선거 공약은 지난 1년 반 동안 각종 집회에서 행했
던 것과 거의 유사했지만, 뛰어난 연설로 대의원의 주목을 받아 대
통령 후보로 지명되었다.

민주당의 브라이언 후보지명으로 공화당은 강한 경쟁자를 만났다
는 놀라움을 표시했으며, 민중당은 공화당 이상으로 큰 충격을 받았
다.[53] 다음과 같은 헨리 D. 로이드의 한탄스러운 주장은 민중당의
분위기를 아주 잘 설명해 주고 있다.

> 대중들은 우리로부터 '은화의 자유주조' 항목이 중요한 문제라는 것
> 을 인식하게 되었으나, 민주당이 이 항목을 선거공약으로 내세울
> 때에는 민중당보다는 민주당 쪽으로 표를 던질 것이다. …… 만일
> 우리가 연합을 하면, 우리는 가라앉을 것이다. 그러나 우리가 연합
> 을 하지 않는다면, 모든 은본위주의자들이 민중당을 떠나 더욱 강
> 력한 민주당으로 향할 것이다.[54]

---

53) 맥매쓰는 주장하기를, "민중주의자들은 브라이언 지명으로 말이 안나
　　올 정도로 충격을 받았으며, 자신들의 정치적 입지가 더 이상 회복할
　　수 없는 상황에 처해졌다는 것을 인식하였다." *Ibid.*, 203.
54) Norman Pollack, *The Populist Response to Industrial America*,
　　139-40.

1896년 7월 전당대회에 모인 민중주의자들의 내분은 더욱 격화되었으며, 연합주의자 측은 브라이언을 대통령 후보로 지명코자 하였다. 당시 전당대회에 모인 反연합주의자들은 평원지대의 민중주의자들을 중심으로 하여 일부 남부 출신과 노동단체 대표자들이 포함되었다. 이들은 연합을 격렬하게 반대하였으나, 결국 주도권을 잡은 연합주의자 측은 브라이언을 대통령 후보로 지명했을 뿐만 아니라, 브라이언 지지자로 잘 알려진 네브라스카의 Allen 상원의원을 전당대회의 의장으로 선출하기까지 하였다. 당시 전당대회에는 지명도가 높은 反연합 지도자들이 불참하였으며, 이는 反연합주의자들로 하여금 브라이언을 상대할 만한 反연합 후보자가 없다는 것을 의미하였다.[55] 결국 잘 알려지지 않은 그린백주의자이면서 시카고의 한 편집장인 S. F. Norton이 反연합주의자 측의 후보자로 나섰으나 브라이언을 상대하기에는 역부족이었다.[56]

연합주의자들은 부통령 후보도 민주당원인 메인 출신의 은행가였던 Arthur M. Sewall을 지명코자 하였다. 이에 대해 反연합주의자 측은 브라이언이 지명되었을 때보다 더욱 격렬하게 반대하였으며,[57]

---

55) 당시 지명도가 가장 높은 反연합주의자로 페퍼를 들 수 있다. 왜냐하면 페퍼는 민중주의자로서는 최초의 상원의원이었으며, '민중주의'라는 용어가 공식적으로 사용되기 이전에 사람들이 이를 '페퍼주의'라고 부를 정도로 민중주의의 상징적인 존재였기 때문이다.
연동원, "1890년대 미국 민중주의운동의 소고", 96-97.
56) Peter H. Argersinger, *Populism and Politics*, 264.
57) 특히 텍사스의 '불멸의 103인 immortal 103'이라고 불리는 反연합주의자들은 결사적으로 부통령 후보를 Sewall에서 왓슨으로 교체하자고 역설하였다. 더불어 페퍼도 이 대회에는 참석하지 않았으나, 왓슨 지지를 공식 표명하였다. 이는 부통령 후보마저 민주당에게 넘겨준다면 정

이에 연합주의자 측도 양보하여 反연합주의자 측 대표자 중의 한사람인 왓슨이 지명되었다.[58]

1896년 대통령선거 유세기간 동안, 맥킨리와 브라이언은 선거의 승패가 오하이오에서 위스콘신에 이르는 산업주(産業州)들에 달려 있다고 판단하였다. 맥킨리가 막대한 자금과 조직력을 동원한 반면, 브라이언은 8만 마일을 여행하고 6백 회의 연설을 하는 정력적인 유세로 맞섰다. 당시 브라이언은 도시 주민들과 노동자들에게 확신을 심어주지 못하였으며, 이에 반하여 맥킨리는 그 자신이 '번영의 선발요원(advance Agent of Prosperity)'이라는 인상을 심어주는 데 성공하였다. 그리하여 선거 결과, 공화당의 맥킨리는 민중당·민주당 연합후보인 브라이언을 선거인 투표수에서 거의 100표 차이로 대통령에 당선되었다.[59]

이와 같이 1896년 대통령선거로 공화당은 재집권하였으며, 이러한 양상은 1930년까지 지속되었다. 한편 민중당은 민주당과의 연합으로 당내 혼란(confusion)[60]이 가중되었다. 즉 反연합주의자들이 우려한 바와 같이, 민주당과의 연합은 단기적으로는 몇몇 지역에서 민중당 후보자들을 당선시키는 효과가 있었으나, 장기적인 안목에서는 민중당을 사멸상태로 이끌었다.

당으로서의 존립 의미가 없다는 판단에서 비롯되었다.
Roscoe Martin, *The People's Party in Texas*, 240-42; Peter H. Argersinger, *Populism and Politics*, 233-35.

58) C. Vann Woodward, *Tom Watson*, 303-5.
59) Robert C. McMath, Jr., *American Populism*, 205.
60) 혼란(confusion)은 민중당의 反연합주의자들과 이들을 지지하는 역사가들이 종종 연합을 부정적으로 비유할 때 사용하였다. *Ibid.*, 205.

1898년 선거에서 민중당의 연합을 둘러싼 내분은 더욱 심화되었으며, 그 결과는 이전의 선거보다 훨씬 빈약한 득표로 나타났다. 민중당은 1900년과 1904년에도 브라이언을 후보로 지명하였으며, 1908년에는 왓슨을 지명하였으나 전국적으로 단지 28,000여 표에 그쳤다.[61] 게다가 민중당 초기부터 오마하강령을 고수했던 많은 反연합주의들은 민중당을 탈당하고, 이전의 소속 정당으로 들어갔다.[62]

---

61) 미국 역대 대통령선거 일람표 참조. 정성화·손영호 공역, 『미국 정당정치사』(서울: 학지사, 1994) Thomas A Bailey, Democrats vs. Republicans: The Continuing Clash(N.Y.: Meredith Pr., 1968), 238; C. Vann Woodward, Tom Watson, 357, 362, 400-1.
62) 평원지대의 민중주의자들 특히 캔사스와 네브라스카에서는 공화당으로 이적하는 경우가 지배적이었으며, 페퍼의 입당이 대표적인 예이다. 이와는 달리 남부에서는 대체로 민주당으로 입당하고 일부만이 공화당으로 당적을 옮겼다. 또한 공화·민주 양대 정당으로 이적하지 않은 민중주의자들은 정치를 그만두거나 혹은 사회당(Socialist Party) 같은 제3당으로 입당하였다. Peter H. Argersinger, Populism and Politics, 300-1; William A. Peffer, Populism, Its Rise and Fall, 52.

Ⅵ. 연합에 대한 평가

　1890년대 초부터 시작한 민중주의운동은 민주당과의 연합을 둘러
싼 심각한 내분과 함께 1896년 대통령선거를 정점으로 하여 급격히
쇠퇴하였다. 그리고 이러한 내분 속에서 연합파와 反연합파는 자신
이 진정한 민중주의자이며, 상대방을 민중당 분열과 약화를 가져온
장본인이라고 몰아 세웠다.

　이러한 민중당의 내분이 본격화하기 시작한 것은 1892년 선거 직
후 민주당과의 연합 논의가 활발히 이루어졌을 때부터였다. 이는 연
합을 둘러싼 양측의 견해 중 어느 쪽이 더욱 설득력이 있는지와는
상관없이 연합 논의가 그 자체 민중당의 내분을 불러일으켰다는 점
에서 연합주의자 측이 민중당 분열과 약화의 책임이 있다고 하겠다.
더불어 1896년 선거 이후 나타난 정치 상황을 살펴보면, 이는 反연
합주의자들의 예견과 일치하고 있다. 즉 민주당과의 연합은 민중당
이 갖고 있는 제3당으로서의 독립성을 상실하고 민주당의 영향권에
들어갔음을 의미하는 것이다. 또한 오마하강령이 민주당과의 연합을
위해서 '은화의 자유주조' 단일항목으로 조정된 것은 결국 민중당에
게 큰 타격이 되었다.

　그럼 역사가들은 민중당과 민주당의 연합 그리고 오마하강령을
'은화의 자유주조' 항목으로 축소한 것에 대해서 어떠한 견해를 갖
고 있을까? 이는 대체로 연합을 둘러싼 민중주의자의 대립과 마찬
가지로 긍정적 대 부정적 견해로 양분되며, 이 범주에는 어떤 특정

인이 아닌 연합을 둘러싼 모든 민중주의자들이 포함되어 있다.

1. 긍정적 견해

연합에 대하여 긍정적 견해를 가진 학자들은 민중당이 민주당과 연합을 한 것이 현실적인 행동이며, '은화의 자유주조'로 오마하강령을 축소시킨 것도 당시로서는 현명한 정책이라고 보고 있다. 다시 말해서 당시의 여건 상-대통령선거에서 민중당 독자 후보로 승리한다는 것이 불가능하며, 민주당과의 연합을 위해 오마하강령을 '은화의 자유주조' 항목으로 조정한 것은 실현 가능한 차선책이라는 것이다.

특히 1960년대 초, 캔사스 민중주의에 대해서 연구한 월터 T. K. 뉴젠트(Walter T. K. Nugent)[1]는 연합주의자를 합리적이고 상식적이며 현명한 사람들인 반면, 反연합주의자를 고지식하고 非상식적이며 非논리적인 사람들로 간주하였다. 예를 들어 그는 페퍼의 《Topeka Advocate》紙를 '고리타분한 목소리'로 칭했으며, 페퍼의 견해를 '현실성을 결여한 낡은 사고방식'으로 간주하였다.[2]

뉴젠트는 만일 反연합주의자들이 진정한 개혁가라고 한다면 왜 대통령 후보로 브라이언을 지지했는가라고 반문하면서 민중당과 민주당의 브라이언 후보지명은 아무런 문제가 없었다고 주장하였다.[3] 그

---

1) Nugent의 민중주의 연구로는 *The Tolerant Populists*; "How the Populists Lost in 1894" *Kansas Historical Quarterly* 31(Aug., 1965); "Some Parameters of Populism" *Agricultural History* 40(Oct., 1966) 참조.
2) Walter T. K. Nugent, *The Tolerant Populists*, 154-57.

러나 이러한 그의 주장은 타당성이 결여되었다. 왜냐하면 反연합주의자들은 브라이언을 후보로 인정하기를 거부하는 활동을 벌였으며, 1896년 선거가 막바지에 다다름에 따라 더 이상의 분열을 막고자 어쩔 수 없이 인정을 했던 것이지 결코 그를 지지하지는 않았기 때문이다. 이와 함께 뉴젠트는 다음과 같이 연합의 정당성을 옹호하였다.

> 일부 역사가들은 연합이 오마하강령을 성취하지 못한 것으로 해석하고 있다. 그러나 민중주의운동은 경제개혁을 성취하기 위하여 정치적 수단을 선택한 것이다. 다시 말해서 민중주의운동은 정당이지, 압력단체가 아니라는 점이다. 좋든 나쁘든 정당은 적절한 정책차원의 접근방식을 사용해야만 한다. 연합은 개혁의 원칙들을 수행할 수 있는 현실적인 유일한 방법이다.[4]

즉 그는 연합을 개혁을 수행할 수 있는 현실가능한 방법으로 간주하였다. 그러나 연합을 긍정적으로 평가하는 그의 견해에는 논리상 문제점이 있다. 왜냐하면 연합은 민중주의원칙 즉 오마하강령의 모든 항목을 정책에 반영한 것이 아니라, 단지 '은화의 자유주조'에 국한되었다는 점이다.

뉴젠트는 민중주의자들이 오마하강령 전체를 요구하는 것보다는 가장 핵심항목인 '은화의 자유주조'를 선택한 것이 현명한 행동이었다고 보았다.[5] 그리고 제리 심슨과 같은 철저한 민중주의자도 1896년 이전에 은화 캠페인을 벌였다고 주장함으로써 '은화의 자유주조'

---

3) *Ibid.*, 189-91.
4) *Ibid.*, 241-42.
5) *Ibid.*, 188-89.

가 민주당과의 연합으로 생긴 것이 아닌 원래부터 민중주의자들이 갖고 있던 개혁이론이라는 것을 강조하였다.[6)

　그러나 사실 심슨은 철저한 민중주의자라고 볼 수 없다. 왜냐하면 그는 민주당 출신으로서 민중당 초기부터 민주당과의 연합을 생각하고 있었으며, 민주당으로부터 민중주의자가 아닌 민주당원으로 간주됐기 때문이다.[7) 또한 그의 주장대로 '은화의 자유주조'가 민중당 결성 이전부터 나온 것은 물론이지만, 문제는 그 시기가 아니라 이 항목이 오마하강령(오마하강령)을 대표하는 것인지에 달려있다. 더불어 뉴젠트는 1896년 선거를 민중당이 집권할 절호의 기회라고 강조했지만, 결과적으로 선거에 패배하여 민중당은 와해되었다.

　1960년대 후반기부터 평원지대 민중주의에 관한 연구논문을 출간한 진 클랜튼(O. Gene Clanton)은 1890년대 당시 민중당이 연합을 할 수밖에 없었다는 현실론을 들었다.[8) 그러나 그는 연합을 긍정적

---

6) *Ibid.*, 188-89, 232.
7) Peter H. Argersinger, *Populism and Politics*, 195, 123-6, 241-2, 287, 293.
8) 클랜튼은 1960년대 후반부터 평원지대 민중주의에 관한 여러 논문과 저서 집필을 했다. 특히 그는 캔사스 민주주의운동의 기원과 주요 민중주의자 활동을 당시 농민의 이데올로기와 비교하였다.
　"Intolerant Populist? The Disaffection of Mary Elizabeth Lease"; "A Rose by Any Other Name: Kansas Populism and Progressivism" *Kansas Quarterly* 1(Fall, 1969); *Kansas Populism: Ideas and Men*(Univ. of Kansas Press, 1969); "Populism, Progressivism, and Equality: The Kansas Paradigm" *Agricultural History* 51(Fall, 1977); "Hayseed Socialism on the Hill: Congressional Populism, 1891-1895" *Western Historical Quarterly* 15 n.2(1984); *Populism: The Humane Preference in America 1890-1900*(Boston: Twayne Publishers, 1991)

으로 평가하면서도, 다른 한편으로 反연합주의자들을 비판하지는 않았다. 즉 클랜튼은 反연합주의자들이 어쩔 수 없는 상황에서 브라이언을 인정했으며, 그렇다 하더라도 이들은 민중주의원칙을 고수하고자 노력했다고 긍정적으로 평가하였다. 단지 그의 주장의 핵심은 '은화의 자유주조'에서 나타나고 있다. 그는 일부 反연합주의자들의 1891-95년 동안의 의회활동을 예로 들면서, 이들이 통화 문제에 관심을 갖고 있었다는 점을 강조하였다.9) 즉 클랜튼은 反연합주의자들이 은화에 관심을 갖고 있는 것을 "오마하강령을 '은화의 자유주조'로 축소한 것"으로 해석하고 있으나, 이는 지나친 비약이다. 왜냐하면 의정활동을 하던 反연합주의자들은 '은화의 자유주조' 항목보다 토지·운송 문제를 더욱 빈번하게 의제로 사용하였기 때문이다.

다음으로 평원지대를 비롯한 전국의 민중주의운동을 포괄적으로 연구한 노만 폴락도 연합을 '필사적인 자기생존의 선택'이라고 간주하였다.10) 즉 민중당은 다른 제3당들의 운명을 피하고 대중정당으

참조.

9) O. Gene Clanton, *Populism*, 124-25.

10) 폴락은 1960년대 이후부터 현재에 이르기까지 여러 연구논문이 있으며, 민중주의자들의 사상에 초점을 맞춘 연구서 등이 있다. Hofstadter on Populism; "The Myth of Populist Anti-Semitism" *American Historical Review* 68(Oct., 1962); "Handlin on Anti-Semitism: A Critique of American Views of the Jew" *Journal of American History* 51(Dec., 1964); "Fear of Man: Populism, Authoritarianism, and the Historian" *Agricultural History* 39(Apr., 1965); *The Populist Response to Industrial America: Midwestern Populist Thought*(N.Y.: W. W. Norton Co., 1966); *The Populist Mind*(Indianapolis: bobbs-Merrill, 1967); *The Just Polity: Populism, Law, and Human Welfare*(Univ. Pr. of Illinois, 1987); *The Humane Economy:*

로 발전하기 위해서 문호를 개방하였으며, '은화의 자유주조' 항목을 관철시키기 위하여 민주당과 연합을 했다는 것이다. 그는 연합이 민중당에게 손상을 끼쳤다기보다는 민중당의 정책노선을 실제 정치에 반영시키기 위한 마지막 기회로 보았다.[11] 그러나 한편으로 연합이 민중당의 파괴를 의미할 수 있다고 폴락은 주장하였다. 이러한 그의 주장은 연합이 곧 민중당의 사멸을 의미하며, 이렇게 볼 때-민중당 분열과 약화의 책임은 분명히 연합주의자에게 있다고 할 수 있다.

또한 그는 연합이 파괴적인 결과를 가져왔다고 해서, 연합주의자인 제임스 B. 위버의 책임은 아니라고 하였다. 즉 위버의 연합 선택은 '정치적 지혜'에서 비롯되었으며, 연합이 아주 좋은 결과를 가져올 것이라고 예상했기 때문이라고 하였다.[12] 그러나 이러한 그의 논리는 설득력이 희박하다. 왜냐하면 위버의 '정치적 지혜'는 결국 민중당의 와해를 가져왔으며, 反연합주의자들은 여러 차례에 걸쳐서 위버에게 연합에 따르는 민중당 존립 기반의 위험성을 경고하였기 때문이다. 더욱이 그는 분명히 민중당을 대표하는 지도자로서 단지 당을 위해서 연합을 했다는 명분으로는 민중당 와해의 책임을 벗어날 수가 없다고 본다.

로버트 F. 더든(Robert F. Durden)도 폴락과 함께 연합을 긍정적으로 평가하였으며, 그 예로써 1896년 선거와 브라이언을 들었다.[13]

Populism, Capitalism, and Democracy(New Brunswick & London: Rutgers Univ. Press, 1990) 참조.

11) Norman Pollack, *The Populist Response to Industrial America*, 103.

12) *Ibid.*, 123.

13) Durden의 연구로는 "The Cow-bird Grounded: The Populist Nomination of Bryan and Tom Watson in 1896" *Mississippi Valley*

그는 민중주의자들이 브라이언을 대통령 후보로 지명한 것이 오마하강령을 정책에 반영할 수 있는 최선의 선택이라고 하였다. 그리고 선거 결과에 대해서도 브라이언 개인적으로는 잘못이 없고, 특히 反연합주의자들이 브라이언에게 투표를 하지 않고 공화당의 맥킨리에게 표를 던졌다는 점을 강조하였다.[14]

즉 더든은 선거 패배의 책임을 反연합주의자들에게 전가하고 있으나, 그의 이러한 주장은 다소 무리가 따르고 있다. 왜냐하면 反연합주의자들의 표가 선거에 막대한 영향을 끼칠 만큼 많은 것은 아니었으며, 브라이언 자신이 주장한 바와 같이 도시 지역의 표를 얻지 못했던 데서 주 요인이 있었다고 보는 것이 더욱 타당하기 때문이다. 또한 그는 反연합주의자들을 극단주의자로 매도하면서, 이들을 민중당을 파괴하는 세력들로 간주하였다.[15]

이 밖에도 연합을 긍정적으로 평가하는 학자들로는 James L. Hunt와 William F. Holmes가 있다.[16] 그리고 남부의 민중주의운동

Historical Review 50(Dec., 1963); "Battle of the Standards in 1896 and North Carolina's Place in the Mainstream" *Southern Atlantic Quarterly* 68(Sum., 1964); *The Climax of Populism: The Election of 1896*(Univ. of Kentucky Pr., 1965) 등을 참조.

14) Robert F. Durden, *The Climax of Populism*, ix, 21, 127, 156.
15) *Ibid.*, 27.
16) James L. Hunt, "The Making of a Populist: Marion Butler, 1863-1895" *North Carolina Historical Review* 62 n.1-3(1985); "Populism, Law, and the Corporation" *Agricultural History* 66(Fall, 1992).
   William F. Holmes, "The Georgia Alliance Legislature" *Georgia Historical Quarterly* 68(Wint., 1984); "The Southern Farmers' Alliance: The Georgia Experience" *Georgia Historical Quarterly* 72(Wint., 1988), "Populism: In Search of Context" 등을 참조.

을 연구한 Charles L. Flynn, Jr · Eric Anderson · Richard L. Watson, Jr. 도 연합을 긍정적으로 평가하였다.[17]

2. 부정적 견해

민중당이 '은화의 자유주조' 단일항목으로 민주당과 연합을 한 것에 대하여 부정적 견해를 가진 학자들은 연합이 제3당의 독립성을 침해한 잘못된 선택일 뿐만 아니라, 결과적으로 민중당을 와해시켰다고 보고 있다. 그리고 '은화의 자유주조' 항목은 결코 오마하강령의 핵심사항이 아닌 단지 부수적인 문제로 간주하였다. 특히 이들중에서 反연합 입장을 가장 적극적으로 지지한 학자로 피터 H. 아저싱어(Peter H. Argersinger)를 들 수 있다.

그는 1960년대 이후 현재에 이르기까지 캔사스 민중주의 특히 페퍼를 집중적으로 연구한 정치사가이다.[18] 그는 反연합 입장에서 페

17) Charles L. Flynn, Jr., "Procrustean Bedfelloes and Populists: An Alternative Hypothesis", Eric Anderson, "The Populists and Capitalist America: The Case of Edgecombe County, North Carolina", Richard L. Watson, Jr., "Furniford M. Simmons and the Politics of White Supremacy" 등의 논문이 *Race, Class, and Politics in Southern History*, ed. Jeffrey J. Crow, Paul D. Escott, and Charles L. Flynn, Jr.(Louisiana St. Univ. Pr., 1989)에 수록되어 있다. 이 밖에도 조지아의 민중주의를 연구한 Barton C. Shaw의 *The Wool-Hat Boys*가 있다.

18) Peter H. Argersinger는 석사 · 박사 학위논문을 모두 페퍼를 주제로 쓸 정도로 페퍼 연구에 관한 권위자이며, 이와 관련한 십여 편의 논문이 있다. "William Alfred Peffer: The Early Years"(Master's thesis,

퍼를 절대적으로 지지하고 있다. 그의 관점은 곧 페퍼의 관점이며, 페퍼의 관점은 그 자신의 것이라고 말할 수 있을 정도이다.

아저싱어는 연합을 민중당의 약화와 파멸을 가져온 장본인으로 간주하였으며, '은화의 자유주조' 또한 오마하강령 중 단지 부수적인 사항에 불과하다고 보았다. 그는 민중당이 민주당과 현명한(?) 연합을 하기 위해서는 오마하강령 전체를 수용하는 조건에서 이루어져야 했으며, 그래야만 민중당이 제3당으로서의 독립성과 존립 기반을 유지했을 것이라고 주장하였다. 이와 함께 1896년 선거 패배 이후의 민중당의 약화에 대해서도 反연합주의자들의 우려와 예상의 결과라고 하였다. 또한 그는 로버트 F. 더든 등 일부 역사가들이 민중당 분열의 책임을 브라이언을 반대한 극소수의 反연합주의자들로 돌리는 것은 잘못된 인식이라고 비판했다. 즉 당의 노선에 갈등과 분열

Univ. of Wisconsin, 1966); "Populism and Politics: William Alfred Peffer and the People's Party"(Ph.D. dissertation, Univ. of Wisconsin, 1972); "The Most Picturesque Drama: The Kansas Senatorial Election of 1891" *Kansas Historical Quarterly* 38(Spr., 1972); "The Conservative as Radical: A Reconstruction Dilemma" *Tennessee Historical Quarterly*(Sum., 1975); "Ideology and Behavior: Legislative Politics and Western Populism" *Agricultural History* 58(Jan., 1984); "Populists in Power: Public Policy and Legislative Behavior" *Journal of Interdisciplinary History* 18(Sum., 1987); "The Value of the Vote: Political Representation in the Gilded Age" *Journal of American History* 76(Jun., 1989); "No Rights on this Floor: Third Parties and the Institutionalization of Congress" *Journal of Interdisciplinary History* 22(Spr., 1992). 저서로는 박사학위논문을 출간한 *Populism and Politics*와 *The Limits of Agrarian Radicalism: Western Populism & American Politics*(Univ. Pr. of Kansas, 1995)가 있다.

그리고 약화와 해체를 가져온 모든 책임은 민중당 내부 연합주의자가 짊어져야 한다는 것이 그의 결론이다.[19]

아저싱어와 함께 홉스태터도 연합에 대해서 부정적으로 평가를 하였다.[20] 홉스태터는 '은화의 자유주조'가 오마하강령 즉 민중주의 원칙에 포함되지 않으며, 민중당의 정책 중에서 급진적인 요소도 아니라고 하였다. 그는 '은화의 자유주조'가 민중주의가 아닌 말 그대로 '은본위주의'라고 하였다. 바꿔 말해서 1890년대에 있어서 '은화의 자유주조'를 정당의 가장 주요한 목표로 내세우는 것은 결코 '근본적인 혁신'이 아닌 '과거 정책으로의 회귀'일 뿐이라고 하였다. 그러나 위버와 타우베넥과 같은 출세지향적인 민중당 지도자들은 '은화의 자유주조'를 당의 기반을 넓힐 수 있는 선거공약으로 보았으며, 그에 따라 민중당은 정통적이며 순수한 민중주의 노선(토지·운송·통화 등 주요 개혁 안건) 지지자 대(對) 은본위주의자 간의 전쟁터가 되었다는 것이다.[21]

홉스태터의 이러한 주장은 민중당 분열과 약화의 책임이 연합주의자에게 있다는 것을 암시하고 있다. 또한 1896년의 세인트루이스 전당대회에서 브라이언을 민중당의 대통령 후보로 지명한 결정은 오마하강령을 고수하던 개혁가들에게는 결코 용납할 수 없는 행위

---

19) Robert F. Durden, *The Climax of Populism*, ix; Norman Pollack, *The Populist Response to Industrial America*, 103; Peter H. Argersinger, *Populism and Politics*, 256.
20) 홉스태터의 민중주의에 대한 연구로는 *The Age of Reform; The American Political Tradition, and the Men Who Made It*(N.Y.: Knopf, 1948)을 참조.
21) Richard Hofstadter, *The Age of Reform*, 50, 104-5.

라고 하였다. 왜냐하면 이들 개혁가는 '은화의 자유주조' 항목이 만병통치약이라는 생각이 얼마나 허구에 지나지 않는다는 것을 분명히 알고 있었기 때문이다.[22]

씨어도어 살로토스(Theodore Saloutos)도 연합을 부정적으로 평가하였으며, 민중당 내 연합주의자를 기회주의자로 간주하였다.[23] 그는 단지 '은화의 자유주조' 단일항목으로 브라이언을 대통령 후보로 지명한 행위는 민중당의 존재 이유 자체를 앗아가 버리고-그 결과 당을 와해시켰다고 주장하였다. 부연하여 연합은 '정치적 거래' 보다는 오마하강령 전체를 고수하던 진정한 개혁가들을 민중당으로부터 몰아냈으며, 유능한 원칙주의자가 떠난 후 무능한 타협론자의 수중에 들어갔다고 지적하였다. 그리고 이러한 상황 하에서 민중주의자의 열정은 사라지고 패배주의가 들어섰다는 것이다.[24]

캔사스를 비롯한 평원지대 민중주의를 연구한 카렐 D. 비카(Karel D. Bicha)도 연합주의자들을 비판하고 페퍼의 反연합 활동을 간접적으로 지지하였다.[25] 예를 들어, 그는 연합주의자 제리 심슨을 '원

---

22) *Ibid.*, 106-9.
23) Saloutos의 민중주의 연구에는 *Farmer Movements in the South 1865-1933*(Univ. Pr. of Nebraska, 1960); "The Professors and the Populists" *Agricultural History* 40(Oct., 1966); *Populism: Reaction or Reform?*(N.Y.: Holt, 1968)을 참조. 이 밖에도 "The Agricultural Wheel in Arkansas" *Arkansas Historical Quarterly* 2(Jun., 1943); "The Agricultural Problem and Nineteenth-Century Industrialism" *Agricultural History* 22(Jul., 1948); *Agricultural Discontent in the Middle West, 1900-1939*(Univ. Pr. of Nebraska, 1951) 등 19세기 후반 이후의 농업사 전반에 걸친 연구논문과 저서가 있다.
24) Theodore Saloutos, *Farmer Movements in the South 1865-1933*, 136, 147, 150.

칙이 없는 민중주의자', William V. Allen을 '자리를 잘못 잡은 민중
주의자', 루웰링을 '불완전한 휴머니스트'라고 비판하였다.[26] 그리고
그중에서도 심슨을 하원의원으로서 전혀 자질과 신용이 없는 인물
이라고 일갈하였다.

비카는 심슨이 민주당의 도움을 통해서 1892년과 1896년에 하원
의원으로 선출되고 민중당이 민주당으로 흡수되기를 지지했기 때문
에, 민중당원보다는 민주당원으로 보아야 한다고 강조하였다. 또한
심슨은 대중집회에서는 토지·운송·통화 등 사회 전반적 개혁을
입법화할 것을 공약으로 내세웠으나, 실상 의회에 나가서는 그리 활
동을 하지 않았다는 것이다. 단지 '은화의 자유주조' 항목으로 민주
당과 연합을 추진하는 데 힘을 기울였던 심슨은 다른 한편으로 농
민들을 상대로 한 연설에서는—자신이 결코 '은화의 자유주조' 항목
만을 지지하는 것이 아니라 오마하강령 전체를 고수하고 있다고 주
장하였다. 이 밖에도 심슨은 대중집회 때마다 투기를 목적으로 한
토지매매를 금지하고 농민만이 토지를 소유하는 등의 토지개혁을
강조했으나, 그 자신 부동산 투기 행위를 일삼았다.

---

25) Bicha의 연구로는 "A Further Reconstruction of American Populism"
   Mid-America 53 n.1(1971); "The Conservative Populists: A
   Hypothesis" *Agricultural History* 47(Jan., 1973); "Western Populists:
   Marginal Reformers of the 1890s" *Agricultural History* 50(Oct., 1976);
   Western Populism: Studies in an Ambivalent Conservativism(Lawrence:
   Coronado Press, 1976); Some Observations On "Ideology and Behavior:
   Legislative Politics and Western Populism" *Agricultural* History 58(Jan.,
   1984); "Peculiar Populist: An Assessment of John R. Rogers" Pacific
   Northwest Quarterly 65(Jul., 1992) 등을 참조.
26) Karel D. Bicha, *Western Populism*, 29, 43, 55.

그리하여 심슨은 反연합주의자들로부터 '이중성격자' 혹은 '신용불량자'로 비난받았는데, 그의 이러한 표리부동한 면은 다른 연합주의자들에게도 종종 나타나고 있다고 비카는 주장하였다.[27] 부연하여 비카의 이러한 견해로 볼 때, 앞서 언급한 월터 T. K. 뉴젠트가 '심슨은 철저한 민중주의자'[28]라는 주장이 얼마나 현실과 동떨어진 것인지 잘 알 수 있다.

로렌스 굿윈과 Robert W. Larson도 비카와 함께 연합을 비판하고, 反연합주의자의 활동을 높이 평가하였다.[29] 특히 굿윈은 연합으로 인한 민중당의 내분을 '엽관자' 대 '순수한 민중주의자' 간의 경쟁으로 보았다. 연합주의자 즉 엽관자들은 '다음 선거의 승리'라는 단기적 목적만을 중시했던 반면, 反연합주의자들은 오마하강령 전체를 정책에 반영하려는 장기적 목적을 지닌 사람들이라는 것이다. 그는 1896년의 연합을 혼란·실망·비난·분열 그리고 '자멸'이라는 극한적 용어를 사용하면서 부정적으로 평가하였다. 그는 연합주의자들이 브라이언을 지명함으로써 자신들의 영향력을 스스로 약화시켰

---

27) *Ibid.*, 29-41.
28) Walter T. K. Nugent, *The Tolerant Populists*, 188-89, 232.
29) Lawrence Goodwyn, "Populist Dreams and Negro Rights: East Texas as a Case Study" *Agricultural History* 76(Dec., 1971); *Democratic Promise: The Populist Moment* 참조.
   Robert W. Larson, "Students, Populists, and a Sense of History: An Essay" *Colorado Magazine* 48(Wint., 1971); *New Mexico Populism: A Study of Radical Protest in a Western Territory*(Colorado Associated Univ. Pr., 1974); "Populism in the Mountain West: A Mainstream Movement" *Western Historical Quarterly* 13 n.2(1982); *Populism in the Mountain West*(Univ. Pr. of New Mexico, 1986) 참조.

으며, 민주당의 은본위주의자들은 결코 민중당과 연합하기보다는 단지 2백만의 민중당 표를 원할 뿐이라고 하였다. 민중당의 연합주의자들이 연합에 성공했을 때, 이들을 제외한 민중주의자들은 설 곳이 없게 되었고, 결국 민중당은 1896년의 선거와 함께 사라졌다.[30)

굿윈은 연합과 함께 '은화의 자유주조' 항목도 아주 부정적으로 평가하였다. 즉 그는 이 항목이 결코 급진적 개혁이 아니라는 전제 하에, 연합주의자를 정치적으로 천진난만했거나 그렇지 않으면 공직에 대한 탐욕에서 은화를 선전한 사람들로 보아도 좋을 것이라고 하였다. 또한 1896년 선거가 은본위주의자의 로비에 의하여 분위기가 인위적으로 조성되었으며, '은화의 자유주조' 항목으로 고조된 분위기는 민중주의자 이외의 사람들의 마음속에 자리 잡았을 뿐이라고 하였다.[31)

연합을 부정적으로 평가하는 최근의 학자들로는 Worth R. Miller · 제프리 오슬러 · 스코트 맥날(Scott G. McNall) 등이 있다.[32) 특히 캔사스 지역의 민중주의를 주로 연구한 맥날은 연합이 민중당의 존립 기반을 크게 약화시킨 것으로 보았으며, '은화의 자유주조' 항목

---

30) Lawrence Goodwyn, *Democratic Promise*, 427, 494-95, 514, 547.
31) *Ibid.*, 431-36, 532.
32) Worth R. Miller, "Building a Progressive Coalition in Texas: The Populist Reform Democrat Reapproachment, 1900-1907" *Journal of Southern History* 52(May, 1986); "Gilded Age Development and the Populist Revolt in the Oklahoma Territory" *Texas Journal of Political Studies*(Spr.-Sum., 1987); *Oklahoma Populism*; Jeffrey Ostler, *Prairie Populism*.
Scott G. McNall, "State, Party, and Ideology: Populism in New Zealand and the United States"; *The Road to Rebellion* 참조.

을 민주당이 민중당으로부터 '도용한 것'으로 보았다.[33]

그는 "연합의 역사가 소수당의 파멸을 가져왔다"고 주장함으로써, 연합의 부당성을 지적하였다. 그 예로써, 민주당원들은 연합이 결코 민중당에 도움이 되지 않고 민주당에만 이점이 된다는 것을 미리 알고서, 적극적으로 연합을 추진했다는 것이다. 이후 민주당과의 연합으로 당의 노선을 유지하기 어렵게 되자, 민중당 전체가 내분의 소용돌이에 빠져들었다고 보았다. 그리고 그러한 과정 속에서 민중당이 주도하는 개혁에 대한 희망이 사라지고, 연합주의자를 제외한 대다수 민중주의자들을 좌절케 했다고 주장하였다.

이후 민중주의자들은 이전에 자신이 소속했던 공화·민주 양당으로 돌아가거나 혹은 또 다른 제3당으로 당적을 옮겼으며, 결국 민중당은 전국의 정치를 좌우할 잠재력을 완전히 상실하였다. 그리하여 맥날은 민중당의 내분과 와해의 책임이 反연합주의자들의 격렬한 반대를 무시하고 연합을 무리하게 추진한 연합주의자들에게 전적으로 있다고 결론지었다.[34]

---

33) 맥날은 상원의원·《Kansas Farmer》 편집장·대중연설가 등으로서의 페퍼의 역할과 활동을 높이 평가하였다. 또한 그는 민중당의 연합주의자들이 페퍼와 농민들을 배신했다는데서, 페퍼가 후일 민중당을 탈당한 원인으로 보고 있다. 그리고 민중당의 운명을 페퍼의 운명과 동일시할 정도로, 그를 민중당의 상징으로 간주하였다. Scott G. McNall, *The Road to Rebellion*, 195-96, 203-4, 212-18, 260.

34) *Ibid.*, 256, 297-98, 300-1.

Ⅶ. 결 언

1890년대의 평원지대는 민중주의운동의 중심지 그리고 여타 지역 특히 남부와 비교 분석할 수 있다는 점에서 연구가치가 높다. 한편 이 지역과 관련된 논문과 저서가 상당수 있지만, 연구범위를 어떤 특정 州에 국한하거나 혹은 각기 나름대로 설정하였다. 따라서 보다 정확한 평원지대의 범위를 설정할 필요성이 제기되며, 이에 이 지대의 지리적 특성을 살펴보았다. 그 결과, 캔자스·네브라스카·노스다코타·사우스다코타·오클라호마·텍사스 6개 州로 연구범위를 설정하는 것이 다소 문제점이 있음에도 불구하고 가장 무난하다고 결론지었다.

평원지대에서 민중주의운동이 활발히 벌어진 데에는 이 지역이 안고 있는 지리적·경제적·정치적 특성에서 비롯되었다. 지리적으로는 개척지로서 다른 지역보다 도전과 실험이 요구되었다. 즉 평원지대는 교통이 불편하고 건조한 기후로 인하여 농사가 어려웠으므로, 농민들이 생존하기 위해서는 보다 적극적이고 창의적인 노력을 필요로 하였다. 또한 몇 년씩 주기적으로 찾아오는 극심한 가뭄은 이 지역의 농민들을 급진적인 성향으로 변모시켰다. 만일 농산물 가격의 하락과 가뭄으로 인해 흉작까지 겹쳤다면, 농민들은 그야말로 생존의 기로에 서게 되는 것이다.

따라서 평원지대 농민들은 열악한 상황에 맞서기 위해서 다른 농촌 지역보다 훨씬 적극적인 방식을 동원하였으며, 그것이 바로 민중당 창당과 같은 정치적 해결방식이었다. 월터 P. 웹은 이러한 지리적 특성을 두고서 평원지대를 '정치적 혁신의 땅'이라고 불렀다.[1]

평원지대는 주요 농산물지대로서 농산물 가격이 하락할 시에 큰 고통을 받았으며, 이에 대한 근본적인 원인은 과잉생산이었다. 즉 1870년-90년 사이의 농산물의 급격한 증가는 세계시장을 충분히 소화할 정도였으며, 미국 농산물이 세계시장에서 가격경쟁을 할 때에는 연방정부의 통제권을 이미 넘어섰던 것이다.

그러나 과잉생산 요인으로는 평원지대의 농산물 가격이 다른 지역에 비하여 크게 하락한 것을 설명할 수 없다. 즉 미국 국내에 있어서 지역 간 농산물 가격 차이가 아주 큰 이유는 유통구조와 운송요금 문제에 기인한 것으로, 중간상인의 횡포와 지역 간 운송요금의 큰 격차에서 비롯되었다. 특히 이 두 가지 문제로 가장 큰 고통을 겪고 있는 지역이 바로 평원지대이므로, 이 지역에서 농민운동이 활발하게 일어날 수밖에 없었다.

또한 이 지역의 농민들은 남부보다 훨씬 가중한 채무 부담을 안고 있었다. 이유인즉 평원지대의 대부분 농민이 통화가 원활히 유통되고 있는 중심지로부터 멀리 떨어져 있기 때문이다. 그래서 농민은 은행으로부터 대부를 받기 어려워 담보회사나 고리대금업자를 통하여 돈을 빌려야 했다. 이러한 대부는 자연히 동부나 남부보다 높은 이자율이 적용되었으며, 채무의 부담만큼이나 저당 잡힌 농장을 유질당하는 수치도 높았다.

다음으로 평원지대 농민들은 19세기 후반부터 각종 단체에 참여하

---

1) Walter P. Webb, *The Great Plains*, 502-5, 514.

였다. 최초의 전국적인 농민단체인 그렌져운동을 시작으로 해서 그린백운동과 농민동맹에도 적극 참여하였으며, 민중주의운동에 이르러서는 민중당이라는 정당을 주도적으로 결성하기까지 했다. 더욱이 민중주의운동은 과거의 농민운동과 밀접한 관련이 있다. 예를 들어, 그렌져법과 그린백강령이 민중당의 오마하강령과 아주 유사하고, 그린백운동과 농민동맹의 지도자 상당수가 민중주의운동에 참여했다.

따라서 민중주의운동은 이전의 농민운동을 그대로 계승했다고 볼 수 있으나, 몇 가지 중요한 차이점도 있다. 가장 두드러진 것은 민중주의운동이 과거의 농민운동처럼 단순히 농민의 이익을 대변하는 이익단체의 범주를 넘어서 정당(민중당)을 결성했다는 점이다. 그리고 신당 창당과정에서부터 평원지대와 남부 간에 첨예한 대립을 보였다는 것도 주목할 만하다. 즉 1890년대 이전의 농민운동은 공통적 이해관계로 지역갈등이 그리 나타나지 않았으나, 민중주의운동의 전개과정은 결코 그렇지 않았다.

이러한 배경은 평원지대의 정치 환경이 남부와 상이한 데서 비롯되었다. 즉 평원지대는 주로 공화당이 지배적인 데 반해서 남부는 민주당의 지배 하에 있었다. 보다 정확히 표현하자면, 평원지대의 농민단체는 기존의 공화당에 대한 의존을 탈피한 데 반하여 남부에서는 그렇지 못했다. 예를 들어 남부 농민동맹은 민주당과 전통적인 우호관계를 유지했으며, 민주당 내에서 개혁을 추진코자 했다.

평원지대의 농민단체가 이 지역을 주도하는 기존 정당(공화당) 체제 내에서 개혁에 대한 기대감을 버리게 된 데에는 공화당의 안일한 태도를 지적할 수 있다. 즉 평원지대의 공화당은 농민단체의 개혁 요구를 무시하였다. 더욱이 1880년대 말부터 몇 년간 계속된 극심한 가뭄으로 인한 흉작은 이 지역 농민들로 하여금 기존의 정치 상황 하에서는 자신이 처한 문제를 결코 해결할 수 없다고 판단케 했다. 그 결과, 평원지대의 농민단체는 공화당에 대한 의존을 과감히 탈피하고 신당, 즉 민중당 결성을 적극 추진하였다.

이에 반해 민주당은 평원지대의 공화당과는 달리 남부 농민동맹과 우호적인 관계를 유지하였다. 따라서 남부 농민동맹은 평원지대 농민단체가 주도하는 신당 결성 참여요구를 받아들이기 어려웠다. 오히려 남부 농민동맹 지도자들은 현재의 위치를 확고히 하기 위해 민중당 결성을 방해하기도 했다. 더불어 민주당이 남부 정치의 기득권을 유지하고자 신당결성을 둘러싼 농민단체 간의 내분을 북부와 남부의 지역갈등으로 비치게 한 점도 남부에서 민중주의운동이 소극적으로 일어나게 된 원인이 되었다.

이후 어려운 산고 끝에 출범한 민중당은 당시 제3당으로는 가장 큰 세력을 형성하고 있음에도 불구하고, 정치적 기반이 평원지대 외에는 없다는 한계점이 있었다. 남부에서는 민주당과 경쟁하기 어려웠으며, 북동부는 남부보다 상황이 훨씬 심각하여 공화당에 도전한다는 생각조차 하기 어려울 정도였다. 바꿔 말해서 평원지대를 제외하곤 공화·민주 양당과 경쟁해서 표를 끌어 모으기에 필요한 조직기반이 거의 없었다. 더욱이 신당이 필연적으로 겪을 수밖에 없는 정치자금 부족과는 달리, 양대 정당이 대통령선거를 능률적이고 아무 무리 없이 치를 정도로 자금이 풍부하다는 점에서 심리적 압박감을 절실히 느꼈다.

그리하여 민중당은 독자적인 힘으로 선거를 통하여 집권당이 될 수 있는지에 대해서 당내 논쟁이 벌어졌으며, 이와 함께 다른 정당과의 연합이 구체적으로 논의되었다. 연합에 대한 공통분모로 '은화의 자유주조'를 내세웠으나, 이 항목으로 민주당과의 연합 추진에 대하여 민중당원 간에는 격렬한 논쟁이 벌어졌다. 당시 연합파는 이 항목으로 민주당과 연합해서 세력을 확장시켜야 한다고 주장한 반면, 反연합파는 민중주의원칙 즉 오마하강령의 모든 항목을 고수하면서 정치적 독립성을 유지해야 한다고 맞섰다. 그리고 이러한 내분 속에서 양측은 자신이 진정한 민중주의자이며, 상대방을 민중당 분열과 약화를 가져온 장본인이라고 몰아 세웠다.

그럼 역사가들은 민중당과 민주당의 연합 그리고 오마하강령을 '은화의 자유주조' 항목으로 축소한 것에 대해서 어떠한 견해를 갖고 있을까? 이는 연합을 둘러싼 민중주의자의 대립과 마찬가지로 학자들도 긍정적 대 부정적 견해로 양분되며, 이 범주에는 어떤 특정인이 아닌 연합을 둘러싼 모든 민중주의자들이 포함되어 있다.

연합에 대하여 긍정적 견해를 가진 학자들은 민중당이 민주당과 연합을 한 것이 현실적인 행동이며, '은화의 자유주조'로 오마하강령을 축소시킨 것도 당시로서는 적절한 정치적 판단이라고 보고 있다. 다시 말해서 당시의 여건 상-대통령선거에서 민중당 독자후보로 승리한다는 것이 불가능하며, 민주당과의 연합을 위해 오마하강령을 '은화의 자유주조' 항목으로 조정한 것은 실현 가능한 차선책이라는 것이다. 오히려 민중당 분열과 약화의 책임은 연합주의자보다는 현실을 직시하지 못한 反연합주의자에게 있다는 것이 이들 역사가의 관점이다.

반면, 연합을 부정적으로 본 학자들은 연합의 공통분모가 오마하강령 전체가 아닌 '은화의 자유주조' 항목으로 축소됨으로써, 민중당이 지닌 제3당으로서의 참신성이 사라졌다고 하였다. 그리고 민주당의 후원을 받은 연합파 민중주의자에 의해서 정강이 결정됨으로써, 민중당은 독자적인 정당으로서의 존립 기반을 상실했다고 보았다. 더욱이 '은화의 자유주조' 항목은 결코 오마하강령의 핵심사항이 아닌 단지 부수적인 문제로 간주하였다.

필자는 연합을 둘러싼 민중주의자와 학자의 견해를 살펴보면서 각각 나름대로의 명분과 논리가 있으나, 결과적으로 反연합주의자 입장이 더욱 타당성이 있다고 본다. 왜냐하면 反연합 민중주의자들이 우려한 대로 민주당과의 연합이 결국 민중당의 분열과 약화 그리고 와해를 가져왔기 때문이다. 더욱이 헬렌 G. 에드먼즈(Helen G. Edmonds)의 주장대로, "연합은 산술적인 정치적 계약에 기초한다."[2] 따라서 연합이 정당의 성격이나 노선과 상관없이 정치적 계산 하에서만 이루어진다고 했을 때, 결국 다수당(민주당)이 소수당(민중당)을 흡수하는 상황이 올 것이라는 점은 자명하다.

민중당이 존립 기반을 유지하기 위해서는 다른 정당 즉 민주당과 연합해서는 안 되며, 설사 어쩔 수 없이 연합한다고 할지라도 오마하강령을 그대로 반영했어야 한다. 왜냐하면 민중당은 소수당으로서 가져야할 참신성과 진보성의 결과물 즉 오마하강령을 고수해야만 당의 존립 기반을 지속시킬 수 있기 때문이다. 예를 들어, 연합이 본격적으로 추진되기 이전인 1892년 대통령선거에는 민중당이 1백만 표 이상을 얻었던 반면, 1900년 이후의 선거에는 단지 몇 만 표에 불과했다는 점을 지적할 수 있다.

---

2) Robert C. McMath, Jr., *American Populism*, 197.

또한 민주당과의 연합으로 당 내분이 야기되었다는 점에서, 민중당의 약화와 와해를 가져온 책임은 궁극적으로 연합주의자에게 있다. 더욱이 민중당의 구성원 중 많은 수가 전직 공화당원 출신이므로, 민주당과의 연합 추진은 공화당 출신 민중당원으로 하여금 고립감 내지 적대감을 불러일으켰다. 그리하여 연합이 본격적으로 추진된 이후, 많은 민중당원들이 공화당으로 돌아갔다.

反연합 민중주의자들은 민주당이 결코 협력 차원에서 연합을 추진한 것이 아니라 민중당을 흡수하기 위해서라고 목소리를 높였다. 이러한 우려에 대해 연합 민중주의자들은 反연합주의자의 기우 내지 연합을 반대하기 위한 저급한 술수에 지나지 않는다고 대꾸했다. 그러나 《*Topeka Daily Capital*》紙에 실린 민주당원 C. F. 디펜배취(C. F. Diffenbach)의 인터뷰는 연합파 대 反연합파 중 어느 쪽이 진정한 민중주의자인지를 함축하고 있다.

> 현재 민중당은 빠르게 민주당에 흡수되어 가고 있으며, 우리는 2-3년 내에 민중당을 모두 차지하게 될 것이다. 2년 전에 민중주의자들은 민주당원들과 어떤 관계도 맺으려 하지 않았으나, 이제는 함께 일하려고 한다. 따라서 양당이 하나로 합쳐지는 날은 그리 멀지 않으며, 물론 민주당이 될 것이다. 이러한 이유에서 나는 연합을 지지한다.[3]

한편 연합 문제와는 별도로 민중주의운동이 실패한 또 다른 요인으로 노동자와 도시민을 끌어들이지 못했다는 것을 지적할 수 있다. 즉 민중당은 오마하강령에서 노동자를 농민과 함께 '非생산자'에 대

---

3) *Topeka Daily Capital*, July 5, 7, 1892.

항하는 '생산자'로 규정하는 등, 큰 비중을 차지하는 노동자 세력을 끌어들이려고 했다. 그러나 이러한 노력에도 불구하고 단합된 농민－노동자 운동으로 발전하지 못했다. 물론 이러한 배경은 새뮤얼 곰 퍼스(Samuel Gompers)가 지적한 바와 같이, 민중당이 결코 진정한 노동자의 정당이 아니었다는 데 있다.

> 민중당이 노동자의 정당이라는 생각에서 민중당을 지지하는 것은 옳 지 못한 판단이다. 민중당은 조직 구성상 결코 노동자 정당이 아니며, 또한 그럴 수도 없다. 왜냐하면 민중당은 농촌의 피고용 농민 혹은 도 시노동자의 이익을 전혀 고려하지 않는 고용 농민으로 구성되었기 때 문이다. 그러므로 양자 간에는 목적과 방법이 다를 수밖에 없다.[4]

또한 민중주의자들은 '은화의 자유주조'라는 통화팽창으로 야기된 인플레이션이 도시민에게 고통을 준다는 점을 인식하지 못했다. 통화 팽창이 독점세력이나 빈민문제를 근본적으로 해결할 수 없다는 것을 이해하지 못했다. 그리하여 민중주의운동은 제3당이 짊어져야 하는 지 역기반의 한계와 함께 득표의 향방을 가를 정도로 큰 비중을 차지하는 노동자와 도시민을 끌어들이지 못했다는 점에서 실패로 끝났다.

제3당으로서 대중을 끌어들일 수 있는 참신한 정강을 기존의 공 화·민주 양당이 도용한 것도 이 운동이 실패하게 된 또 다른 요인이 다. 즉 민중당이 계속해서 강력한 제3당으로 남아있기 위해서는 대중 을 끌어들일 수 있는 새로운 정강을 내세워야 했다.

---

4) Samuel Gompers, "Organized Labor in the Campaign", 91-96; 안윤 모, "미국의 민중주의운동과 노동자 문제(1886-1896)", 『인문사회과학 논총』 7집(서울여자대학교, 1992), 207-8.

1897년부터 제1차 세계대전이 발발한 1914년 기간동안 미국 농업이 번영기에 있었다는 점도 이미 쇠퇴해진 민중당을 사멸의 길로 이끌었다. 즉 농산물 수출 증가와 가격상승으로 인하여 농민의 생활수준이 향상됨에 따라, 농민들은 이전에는 적극적이던 민중주의운동에 대하여 소극적일 수밖에 없었다.

그러나 민중주의운동을 단순히 실패한 농민운동으로 간주할 수는 없다. 왜냐하면 비록 실패로 끝났음에도 불구하고, 이 운동이 내세운 오마하강령이 당시 미국이 안고 있는 정치·사회·경제의 제반 문제에 대한 해결책을 제시했기 때문이다. 그리고 다음 세기인 20세기 초에 미국의 정책에 대부분 반영되었다. 그중에서 대표적인 것들을 꼽는다면, 누진 소득세·상원의원 직선·국민투표제·전신과 전화의 국유화 등이다.

주지하듯이 민중주의운동은 농민운동과 제3당이라는 양 측면에서 미국 역사상 규모가 가장 컸을 뿐만 아니라, 그 뒤를 이어 일어난 혁신주의운동의 선구자였다는 의미가 있다. 그러나 이보다 더욱 중요한 것은 민중주의운동이야말로 현대 미국 정치개혁의 전환점이었다는 데 그 의의가 있을 것이다.

필자는 민중당의 약화와 와해를 가져온 책임이 궁극적으로 연합주의자에게 있다고 했다. 그렇다면 연합을 안 하고 독자노선을 유지했다면, 어떠한 결과를 초래했을까? 기존의 공화·민주 양당과 당당히 경쟁하고 심지어 집권당으로 올라설 수 있을까? 바로 이러한 점이 필자가 反연합주의자의 손을 들어주면서도 답답하고 안타까운 기분을 느끼게 하는 대목이다. 왜냐하면 민중당의 존립 기반을 위해 참신성과 개혁성을 지키는 것도 좋지만, 정당의 궁극적 목적은 집권하는 것이기 때문이다. 만일 순수성에 매달려서 국민의 표를 얻지 못하고 영구적으로 집권할 만한 세력이 될 수 없다면, 이미 정당으로서의 생명력을 거의 잃어버렸다고 해도 과언이 아니다. 더욱이 국민은 거의 언제나 집권 가능한 정당에게 표를 몰아주게 마련이다.

　민중당이 돌풍을 일으켰던 1890년대 상황은 비단 미국의 역사만이 아닌 현재 한국에서 벌어진 상황과 흡사하다는 생각이 들었다. 더욱이 농민들의 잇따른 시위사태와 함께 제3당이라 할 수 있는 민노당을 보면, 더욱 그러한 기분을 들게 한다. 역사는 흔히 승자에 의해 쓰여진다고 한다. 심지어 요즈음 심심찮게 언론과 방송매체로부터 듣는 정치 표현 중에서 "정치는 생물이다"라는 말이 있다. 과연 민노당이 현재와 같이 계속해서 독자노선을 유지하면서 집권당의 꿈을 이룰지 그렇지 않으면 집권을 위한 대안으로 타 정당과의 연합을 시도할지 그 행보가 자못 기대된다.

BIBLIOGRAPHY

A. 국내문헌

I. 저 서

구재서. 『농업협동조합론』(서울: 선진문화사, 1984).

김선건 공저. 『새사회학통론』(서울: 형설출판사, 1993).

미국사 연구회. 『미국 역사의 기본 사료』(서울: 소나무, 1992).

이보형 편저. 『미국사연구서설』(서울: 일조각, 1984).

이보형 · 홍영백 · 이주영 공역. 『현대 미국의 성립』(서울: 일조각, 1978) Carl N. Degler, Out of Our Past: The Forces That Shaped Modern America(N.Y.: Harper ColophonBooks, 1959).

이주영. 『미국 경제사 개설』(서울: 건국대학교 출판부, 1988).

정성화 · 손영호 공역. 『미국 정당정치사』(서울: 학지사, 1994) Thomas A Bailey, Democrats vs. Republicans: The Continuing Clash(N.Y.: Meredith Pr., 1968).

Ⅱ. 논 문

손세호. "Edward Bellamy의 공화적 사회주의" 박사학위논문. 서강
　　대학교, 1993.

안윤모. "미국 민중주의운동의 성격 −1890년대의 산업주의에 대한
　　농민의 반응을 중심으로−". 『미국사연구서설』(서울: 일조각,
　　1984).

───. "미국 민중주의운동의 이념에 대한 일고찰−1892년의 오마
　　하강령에 대한 분석을 중심으로", 『민석홍박사회갑기념 사학
　　논총』(서울: 삼영사, 1985).

───. "도넬리와 미국 민중주의운동" 박사학위논문 이화여자대학
　　교, 1987.

───. "민중주의운동과 반유태주의−이그내시어스 도넬리를 중심
　　으로", 『미국사의 성찰』(서울: 소나무, 1989).

───. "미국 민중주의운동과 흑인 문제(1886-1896)", 『이화사학연
　　구』 17·18 합집. 이화여자대학교, 1988.

───. "미국의 민중주의운동과 노동자 문제(1886-1896)", 『인문사
　　회과학논총』 7집. 서울여자대학교, 1992.

───. "1970년대 미국의 좌파민중주의의 성격", 『인문사회과학논
　　총』 8집. 서울여자대학교, 1993.

연동원. "미국 Granger Movement에 관한 일연구 −농민 불만에 관
　　한 분석을 중심으로−" 석사학위논문 동국대학교, 1988.

───. "1890년대 미국 민중주의운동의 소고 −William A. Peffer
　　의 反연합(Anti-fusion) 활동을 중심으로−", 『미국사연구회』

2집, 1994.

최 웅. "19세기후반기에 있어서의 미국의 농민운동 – 특히 농민연맹을 중심으로", 『역사학연구』 4집, 전남대학교, 1972.

B. 외국문헌

I. 정부 문서

American Governors and Gubernatorial Elections, 1775-1978 (Connecticut: Meckler Books, A Division of Microform Review Inc., 1978).

Biographical Directory of the United States Congress 1774-1989 (United States Government Printing Office, 1988).

Department of Agriculture. *Yearbook of Agriculture, 1901* (Washington D.C.: Government Printing Office, 1902).

Official Congressional Directory, 53th Congress(Washington D.C.: Government Printing Office, 1893).

Official Congressional Directory, 54th Congress(Washington D.C.: Government Printing Office, 1897).

Official Congressional Directory, 55th Congress(Washington D.C.: Government Printing Office, 1898).

U.S. Department of Interior. Bureau of the Census, *Eleventh Decennial Census of the United States, 1890*(Washington

D.C.: Government Printing Office, 1895).

U.S. Department of Interior. Bureau of the Census, *Twelfth Census of the United States, Taken in the Year 1890,* Vol. V, Agriculture, Part I.(Washington D.C.: Government Printing Office, 1902).

II. 신 문

Alliance(Nebraska)

American Citizen(Kansas City)

Dakotanian(South Dakota)

Farmers' Alliance(Lincoln)

Kansas Farmer

National Watchman(Washington)

New York World

Norman Peoples Voice(Oklahoma)

Oklahoma Representative

Oklahoma State Register

Omaha World Herald(Nebraska)

Pleasanton Herald(Kansas)

Topeka Advocate(Kansas)

Topeka Daily Capital(Kansas)

Ⅲ. 저서

1. 1차 문헌

McVey, Frank L. *The Populist Movement*(N.Y.: Macmillan Co., 1896).

Peffer, William A. *Populism, Its Rise and Fall*(1899) reprint ed.(Univ. Pr. of Kansas, 1992).

――――――――――. *Farmer's Side: His Trouble and Their Remedy*(1891) reprint ed.(Westport: Hyperion Pr., 1976).

Tindall, George B. *A Populist Reader*(N.Y.: Harper Torchbooks, 1960).

Weaver, James B. *Call to Action*(1892) reprint ed.(Arno Pr., 1974).

2. 2차 문헌

Argersinger, Peter H. *The Limits of Agrarian Radicalism: Western Populism & American Politics*(Univ. Pr. of Kansas, 1995).

――――――――――. *Populism and Politics: William Alfred Peffer andthe People's Party*(Lexington: Univ. Pr. of Kentucky, 1974).

Arnett, Alex M. *The Populist Movement in Georgia: A View of TheAgrarian Crusade in the Light of Solid-South Politics*(N.Y.: Longmans, Green & Co., 1922).

Barnes, Donna A. *Farmers in Rebellion: The Rise and Fall of the Southern Farmers' Alliance and People's Party in Texas* (Univ. Pr. of Texas, 1984).

Bicha, Karel D. *Western Populism: Studies in an Ambivalent Conservatism*(Kansas: Coranado Press, 1976).

Billington, Ray A. *Westward Expansion: A History of the American Frontier*(N.Y.: MacMillan Company, 1960).

Bogue, Allan G. *From Prairie to Corn Belt: Farming on the Illinois and Iowa Prairies in the Nineteenth Century*(Univ. Pr. of Chicago, 1963).

Buck, Solon J. *The Agrarian Crusade: A Chronicle of the Farmer in Politics*(Conn.: Yale Univ. Pr., 1920).

—————. *The Granger Movement: A Study of Agricultural-Organization and Its Political, Economic, and Social Manifestations, 1870-1880*(Nebraska Univ. Pr., 1913).

Canovan, Margaret. *Populism*(N.Y.: Harcourt, Brace, and Jovanovich, 1981).

Cell, John W. *The Highest Stage of White Supremacy: The Origins of Segregation in South Africa and the American South*(Cambridge Univ. Pr., 1982).

Cherny, Robert W. *Populism, Progressivism, and the Transformation of Nebraska Politics, 1885-1915*(Univ. Pr. of Nebraska, 1980).

Clanton, O. Gene. *Populism: The Humane Preference in America, 1890-1900*(Boston: Twayne Publishers, 1991).

——————————. *Kansas Populism: Ideas and Men*(Univ. of Kansas Press, 1969).

Cowing, Cedric B. *Populists, Progressives & Progressives*(Univ. Pr. of Princeton, 1965).

Cunningham, Raymond J. *The Populists in Historical Perspective* (Boston: D.C. Heath and Company, 1968).

Destler, Chester M. *American Radicalism, 1865-1901: Essays and Documents*(Univ. of Chicago Pr., 1966).

Dubofsky, Melvin. *Industrialism and the American Worker, 1865-1920*(Ill.: Harlan Davidson, Inc., 1975).

Durden, Robert F. *Race, Class, and Politics in Southern History: Essays in Honor of Robert F. Durden*(Louisiana St. Univ. Pr., 1989).

——————————. *The Climax of Populism: The Election of 1896* (Univ. Pr. of Kentucky, 1965).

Federickson, George M. *White Supremacy: A Comparative Study in American and South African History*(N.Y.: Oxford Univ. Pr., 1981).

Gardner, Charles M. *The Grange-Friend of the Farmer 1867-1901* (Washington, D.C.: The National Grange, 1984).

Giffiths, David B. *Populism in the Western United States, 1890-1900*(Lewiston: Edwin Mellen Pr., 1992).

Goodwyn, Lawrence. *The Populist Moment: A Short History of* the Agrarian Revolt in America(Oxford Univ. Pr., 1978).

─────────. Democratic : The Populist Moment in America(N.Y.: Oxford Univ. Pr., 1976).

Hicks, John D. The Populist Revolt: A History of the Farmers' Alliance and the People's Party(Univ. Pr. of Minnesota, 1931).

Hofstadter, Richard. The Age of Reform: From Bryan to F.D.R.(N.Y.: Vintage Books, 1955).

─────────. The American Political Tradition, and the Men Who Made It(N.Y.: Knopf, 1948).

Larson, Robert W. Populism in the Mountain West(Univ. Pr. of New Mexico, 1986).

─────────. New Mexico Populism: A Study of Radical Protest in a Western Territory(Colorado Associated Univ. Pr., 1974).

Martin, Roscoe C. The Peoples' Party in Texas(Univ. Pr. of Texas, 1933).

McMath, Robert C. Jr., American Populism: A Social History, 1877-1898(N.Y.: Hill and Wang, 1992).

─────────. Populist Vanguard: A History of the Southern Farmers' Alliance(Univ. Pr. of North Carolina, 1975).

McNall, Scott G. The Road to Rebellion: Class Formation and

Kansas Populism, 1865-1900(Univ. Pr. of Chicago, 1988).

Merk, Frederick. History of the Westward Movement(N.Y.: Alfred A. Knopf Inc., 1978).

Miller, George H. Railroads and the Granger Laws(Univ. of Wisconsin Pr., 1971).

Miller, Worth R. Oklahoma Populism(Univ. Pr. of Oklahoma, 1987).

North, Douglass C. Growth and Welfare in the American Past(N.J.: Prentice-Hall, Inc., 1966).

Nugent, Walter T. K. The Tolerant Populists: Kansas, Populism, and Nativism(Univ. Pr. of Chicago, 1963).

Ostler, Jeffrey. Prairie Populism: The Fate of Agrarian in Radicalism in Kansas, Nebraska, and Iowa, 1880-1892(Univ. Pr. of Kansas, 1993).

Parsons, Stanley B. The Populist Context: Rural versus Urban Poweron a Great Plains Frontier(Westport: Greenwood Pr., 1973).

Pierce, Neal R. & Hagstrom, Jerry, The Book of America-Inside Fifty Today(N.Y.: W. W. Norton & Company, Inc., 1983).

Pollack, Norman. The Humane Economy: Populism, Capitalism, and Democracy(N.J.: Rutgers Univ. Pr., 1990).

—————. The Just Polity: Populism, Law, and Human Welfare(Univ. Pr. of Illinois, 1987).

——————. *The Populist Mind*(Indianapolis: Bobbs-Merrill, 1967).

——————. *Populist Response to Industrial America*(N.Y.: Norton & Company, 1962).

Rochester, Anna. *The Populist Movement in the United States* (N.Y.: International Publishers, 1943).

Rogin, Michael P. *The Intellectuals and McCarthy: The Radical Specter*(Cambridge: Univ. Pr. of M.I.T., 1967).

Saloutos, Theodore. *Populism: Reaction or Reform?*(N.Y.: Robert E. Kriger Company, 1978).

——————. *Farmer Movements in the South 1865-1933* (Univ. Pr. of Nebraska, 1960).

——————. *Agricultural Discontent in the Middle West, 1900-1939*(Univ. Pr. of Nebraska, 1951).

Schmidt, Louis B. & Ross, Earle D. *Readings in the Economic History of American Agriculture*(N.Y.: Macmillan Co., 1925).

Shannon, Fred A. *The Farmer's Last Frontier: Agriculture, 1860-1897*(N.Y.: Holt, Rinehart, and Winston, 1963).

Steinberg, S. H. & Evans, I. H. *Steinberg's Dictionary of British History*(London: Edward Arnold, 1963).

Webb, Walter P. *The Great Plains*(Univ. Pr. of Nebraska, 1931).

Wiebe, Robert H. *The Search for Order 1877-1920*(N.Y.: Hill and Wang, 1967).

Woodward, C. Vann. *Tom Watson: Agrarian Rebel*(N.Y.: Macmillan Co., 1938).

Wright, James E. *The Politics of Populism: Dissent in Colorado*(Conn.: Yale Univ Pr., 1974).

Ⅳ. 논 문

1. 1차 문헌

Diggs, Annie L. "Women in the Alliance Movement" *Arena* 6(July, 1892).

―――――――. "The Farmers' Alliance and Some of its Leaders *Arena* 5(Apr., 1892).

Dodge, J. R. "Discontent of the Farmer" *Century Magazine* 43(Jan., 1892).

Drew, Frank M. "The Present Farmers' Movement" *Political Science Quarterly*, 2, (Jun., 1891).

Dunn, J. P., Jr. "The Mortgage Evil" *Political Science Quarterly* 5(Mar., 1890).

Emerick, C. F. "An Analysis of Agricultural Discontent in the United States Ⅰ" *Political Science Quarterly* v.11, n.3(1896).

―――――――. "An Analysis of Agricultural Discontent in the United States Ⅱ" *Political Science Quarterly*, v.11, n.4(1896).

Gladden, Washington. "The Embattled Farmers" *Forum* 10(Nov.,

1890).

Gleed, Charles S. "The True Significance of Western Unrest" *Forum* 16(Oct., 1893).

Gompers, Samuel. "Organized Labor in the Campaign" *North American Review* 155(Jul., 1892).

Laughlin, J. Laurence. "The Causes of Agricultural Unrest" *Atlantic Monthly,* 78(Nov, 1896).

Lloyd, Henry D. "The Populists at St.Louis" *Review of Reviews* 14(Sep, 1896).

Mappin, W. F. "Farm Mortgages and the Small Farmer," *Political Science Quarterly,* 4, n.3(Sep., 1889).

McVey, Frank L. "Cooperation by Farmers" *Journal of Political Economy* 6(June, 1898).

Morgan, John. T. "The Danger of the Farmers' Alliance" *Forum* 12(Nov., 1891).

Peffer, William A. "Government Banking" *North American Review* vol. 191(Jan., 1910).

——————. "Prohibition in Kansas" *Forum* 31(Apr., 1901).

——————. "The Trust in Politics" *North American Review* 170(Feb., 1900).

——————. "The Trust Problem and Its Solution" *Forum* 27(Jul., 1899).

——————. "The Passing of the People's Party" *North*

American Review 166(Jan., 1898).

──────────. "The Cure for a Vicious Monetary System"
  Forum 22(Feb., 1897).

──────────. "The Farmers' Defensive Movement" *Forum*
  8(Dec., 1889).

Thompson, J. M. "The Farmers Alliance in Nebraska: Something of
  It's Origin, Growth and Influence" *Proceeding and Collection
  of the Nebraska State Historical Society* 10(1902).

Tracy, Frank B. "Rise and Doom of the Populist party" *Forum*
  16(Oct., 1893).

Watson, Thomas E. "Why the People's Party Should Elect the
  Next President" *Arena* 6(Oct., 1892).

2. 2차 문헌

Abramowitz, Jack. "The Negro in the Populist Movement" *Journal
  of Negro History* 38(July, 1953).

Aldrich, Mark. "A Note on Railroad Rates and the Populist
  Uprising" *Agricultural History* 54(July, 1980).

Anderson, Eric. "The Populists and Capitalist America: The Case
  of Edgecombe County, North Carolina" *Race, Class, and
  Politics in Southern History*(Louisiana St. Univ. Pr., 1989).

Ankli, Robert E. "Problems In Aggregate Agricultural History"
  Agricultural History 46 n.1(Jan., 1972).

Argersinger, Peter H. "Populism and Politics: William Alfred Peffer and the People's Party"(Ph.D. dissertation, Univ. of Wisconsin, 1972).

_____. "William Alfred Peffer: The Early Years"(Master's thesis, Univ. of Wisconsin, 1966).

_____. "No Rights on this Floor: Third Parties and the Institutionalization of Congress" *Journal of Interdisciplinary History* 22 n.4(Spr., 1992).

_____. "The Value of the Vote: Political Representation in the Gilded Age" *Journal of American History* 76(June, 1989).

_____. "Populists in Power: Public Policy and Legislative Behavior" *Journal of Interdisciplinary History*18 n.1(sum., 1987).

_____. "New Perspectives on Election Fraud in the Gilded Age" *Political Science Quarterly* 100n.4(Wint., 1985-86).

_____. "The Machine Breakers: Farmworkers and Social Change in the Rural Midwest of the 1870s" *Agricultural History* 58 n.3(July., 1984).

_____. "Ideology and Behavior: Legislative Politics and Western Populism" *Agricultural History* 58 n.1(Jan., 1984).

_____. "The Conservative as Radical: A Reconstruction Dilemma" *Tennessee Historical Quarterly*(Sum., 1975).

─────────. "The Most Picturesque Drama: The Kansas Senatorial Election of 1891" *Kansas Historical Quarterly* 38(Spr., 1972).

─────────. "Pentecostal Politics in Kansas: Religion, theFarmers' Alliance, and the Gospel of Populism" *Kansas Quarterly* 1(Fall, 1969).

─────────. "Road to a Republican Waterloo: The FarmersAlliance and the Election of 1890 in Kansas" *Kansas Historical Quarterly* 33(Wint., 1967).

Barkin, Kennith. "A Case Study in Comparative History: Populism in Germany and America" in Herbert J. Bass, ed., *The State of American History*(Univ. of Chicago Pr., 1970).

Barnes, James A. "Myths of the Bryan Campaign" *Mississippi Valley Historical Review* 34 n.3(Dec., 1947).

Barnhart, John D. "Rainfall and the Populist Party in Nebraska" *American Political Science Review* 19(Aug., 1925).

Bicha, Karel D. "Peculiar Populist: An Assessment of John R. Rogers" *Pacific Northwest Quarterly* 65(Jul., 1992).

─────────. Some Observations On "Ideology and Behavior: Legislative Politics And Western Populism" *Agricultural History* 58 n.1(Jan., 1984).

————. "Western Populists: Marginal Reformers of the 1890s" *Agricultural History* 50 n.4(Oct., 1976).

————. "The Conservative Populists: A Hypothesis" *Agricultural History* 47(Jan., 1973).

————. "A Further Reconsideration of American Populism" *Mid-America* 53 n.1(1971).

Billings, Dwight B. "Class and Class Politics in the Southern Populist Movement" *Sociological Spectrum*, 1(1981).

Blocker, Jack S., Jr. "The Politics of Reform: Populists, Prohibition, and Woman Suffrage, 1891-1892" *Historian* 34(Aug., 1972).

Brady, Marilyn D. "Populism and Feminism in a Newspaper by and for Women of the Kansas Farmers' Alliance, 1891-1894" *Kansas History*, 7(Wint., 1984-1985).

Brinkley, Alan. "Richard Hofstadter's The Age of Reform: A Reconsideration" *Reviews In American History* 13(sep., 1985).

Cantrell, Gregg & Barton, D. Scott. "Texas Populists and the Failure of Biracial Politics" *Journal of Southern History* 55 n.4(Nov., 1989).

Chafe, William H. "The Negro and Populism: A Kansas Case Study" *Journal of Southern History* 34(Aug., 1968).

Cherny, Robert W. "Lawrence Goodwyn and Nebraska Populism: A Review Essay" *Great Plains Quarterly* 1(Sum., 1981).

Clanton, O. Gene. "Populism, Progressivism, and Equality: The Kansas Paradigm" *Agricultural History* 51 n.3(July, 1977).

──────. "A Rose by Any Other Name: Kansas Populism and Progressivism" *Kansas Quarterly* 1(Fall, 1969).

──────. "Intolerant Populist? The Disaffection of Mary Elizabeth Lease" *Kansas Historical Quarterly* 34(Sum., 1968).

Coletta, Paolo E. "A Tempest in a Teapot?: Governor Poynter's Appointment of William V. Allen to the United States Senate" *Nebraska History* 38(Jun., 1957).

──────. "W. J. Bryan and the Nebraska Senatorial Election of 1893" *Nebraska History* 31(Sep., 1950).

Collins, Robert M. "The Originality Trap: Richard Hofstadter on Populism" *Journal of American History* 76(1989).

Crippen, Harlan R. "Conflicting Trends in the Populist Movement" *Science & Society* 6 n.2(1942).

Crowe, Charles. "Tom Watson, Blacks, and Populists Reconsidered" *Journal of Negro History* 55(Spr., 1970).

Dibbern, John. "Who were the Populists?: A Study of Grass-roots Alliancemen in Dakota" *Agricultural History* 56 n.4(Oct., 1982).

Doster, James F. "Were Populists Against Railroad Corporations?" *Journal of Southern History* 20 n.3(1954).

Durden, Robert F. "Battle of the Standards in 1896 and North Carolina's Place in the Mainstream" *Southern Atlantic Quarterly* 68(Sum., 1964).

──────────. "The 'Cow-bird' Grounded: The Populist Nomination of Bryan and Tom Watson in 1896" *Mississippi Valley Historical Review* 50(Dec., 1963).

Eichengreen, Barry. "Mortgage Interest Rates in the Populist Era" *American Economic Review* 74 n.5(Dec., 1984).

Farmer, Hallie. "The Economic Background of Southern Populism" *South Atlantic Quarterly* 29(Jan., 1930).

──────────. "The Railroads and Frontier Populism" *Mississippi Valley Historical Review* 13 n.3(1926).

──────────. "The Economic Background of Frontier Populism" *Mississippi Valley Historical Review* 10(Mar., 1924).

Farrell, Richard T. "Advice to Farmers: The Content of Agricultural Newspapers, 1860-1910" *Agricultural History* 51 n.1(Jan., 1977).

Ferkiss, Victor C. "Populism: Myth, Reality, Current Danger" *Western Political Quarterly* 14 n.3(Sep., 1961).

──────────. "Populist Influences On American Fascism" *Western Political Quarterly* 10(June, 1957).

Fischer, Roger A. "Rustic Rasputin: William A. Peffer in Color Cartoon Art, 1891-1899" *Kansas History* 11(Wint., 1988-89).

Fite, Gilbert. "Republican Strategy and the Farm Vote in the Presidential Campaign of 1896" *American Historical Review* 65(July, 1960).

Flynn, Charles L. Jr. "Procrustean Bedfelloes and Populists: An Alternative Hypothesis", *Race, Class, and Politics in Southern History*(Louisiana St. Univ. Pr., 1989).

Goldschmidt, Eli. "Labor and Populism: New York City, 1891-1896" *Labor History* 13 n.4(Fall, 1972).

Goodwyn, Lawrence C. "Populist Dreams and Negro Rights: East Texas as a Case Study" *Agricultural History* 76(Dec., 1971).

Grant, Roger H. "Populists and Utopia: A Neglected Connection" *Red River Valley Historical Review* 2 n.4(1975).

──────. "Origins of a Progressive Reform: The Initiative andReferendum Movements in South Dakota" *South Dakota History* 3 n.4(1973).

Green, Fletcher M. "Ben E. Green and Greenbackism in Georgia" *Georgia Historical Quarterly* 30(May, 1946).

Green, James. "Populism, Socialism, and the Promise of Democracy" *Radical History Review* 24(Fall, 1980) Hadwiger, Don F. "Farmers In Politics" *Agricultural History* 50 n.1(Jan., 1976).

Handlin, Oscar. "Reconsidering the Populists" *Agricultural History* 39 n.2(Apr., 1965).

Hendrickson, Kenneth E. "Some Political Aspects of the Populist Movement in South Dakota" *North Dakota History* 34 n.1(Wint., 1967).

Hicks, John D. "The Legacy of Populism in the Western Middle West" *Agricultural History* 23 n.1(1949).

──────. "The Third Party Tradition in American Politics" *Mississippi Valley Historical Review* 20 n.1(June, 1933).

──────. "The Persistence of Populism" *Minnesota History* 12 n.1(Mar., 1931).

──────. "The Birth of the Populist Party" *Minnesota History* 9 n.3(1928).

──────. "The Farmers' Alliance in North Carolina" *North Carolina Historical Review* 2(Apr., 1925).

──────. "The Origin and Early History of the Farmers' Alliance in Minnesota" *Mississippi Valley Historical Review* 8(1921).

Higgs, Robert. "Railroad Rates and the Populist Uprising" *Agricultural History* 44(1970).

Holmes, William F. "Populism: In Search of Context" *Agricultural History* 64 n.4(Fall, 1990).

──────. "The Southern Farmers' Alliance: The Georgia Experience" *Georgia Historical Quarterly* 72 n.4(Wint., 1988).

──────────. "The Georgia Alliance Legislature" *Georgia Historical Quarterly* 68(Wint., 1984).

──────────. "The Southern Farmers' Alliance and Georgia Senatorial Election of 1890" *Journal of Sothern History* 50(May, 1984).

──────────. "Populism and Black Americans; Constructive orDestructive?" *Journal of Negro History* 65 n.4(1980).

──────────. "Lawrence Goodwyn's Democratic Promise: An Essay Review" *Georgia Historical Quarterly* 61 n.2(1977).

──────────. "The Demise of the Colored Farmers'Alliance" *Journal of Southern History* 41 n.2(May, 1975).

Hunt, James L. "Populism, Law, and the Corporation" *Agricultural History* 66 n.4(Fall, 1992).

──────────. "The Making of a Populist: Marion Butler, 1863-1895 〈Part Ⅰ〉" *North Carolina Historical Review* 62 n.1(Jan., 1985).

──────────. "The Making of a Populist: Marion Butler, 1863-1895 〈Part Ⅱ〉" *North Carolina Historical Review* 62 n.2(June, 1985).

──────────. "The Making of a Populist: Marion Butler, 1863-1895 〈Part Ⅲ〉" *North Carolina Historical Review* 62 n.3(July, 1985).

Jeffrey, Julie R. "Women in the Southern Farmers' Alliance: A

Reconsideration of the Role and Status of Women in the late Nineteenth-Century South," *Feminist Studies* 3(Fall, 1975).

Jeffery, Mary L. "Young Radicals of the Nineties" *Nebraska History* 38(Mar., 1957).

Kleppher, Paul. "Voters and Parties in the Western States, 1876-1900" *Western Historical Quarterly* 14(Jan., 1983).

Larson, Robert W. "Populism in the Mountain West: A Mainstream Movement" *Western Historical Quarterly* 13(Apr., 1982).

—————————. "Students, Populists, and a Sense of History: An Essay" *Colorado Magazine* 48(Wint., 1971).

Launius, Roger D. "The Nature of the Populists: An Historiographical Essay" *Southern Studies* 22 n.4(1983).

Luebke, Frederick C. "Main Street and the Countryside: Patterns of Voting in Nebraska during the Populist Era" *Nebraska History* 50(Fall, 1969).

Malin, James C. "Notes on the Literature of Populism" *Kansas Historical Quarterly* 1(Feb., 1932).

Manley, Robert N. "A Note on Government and Agriculture" *Nebraska History* 45 n.3(Sep., 1964).

Martin, Albro. "The Troubled Subject of Railroad Regulation in the Gilded Age-A Reappraisal" *Journal of American History* 61 n.2(Sep., 1974).

Mayhew, Anne, A. "Reappraisal of the Causes of Farm Protest in the United States, 1870-1900" *Journal of Economic History* 32 n.2(June, 1972).

McGuire, Robert A. "U. S. Agricultural Statistics: State Estimates, 1866-1914" *Agricultural History* 54 n.2(Apr., 1980).

McLear, Patrick. "The Agrarian Revolt in the South: A Historiographical Essay" *Louisiana Studies* 12(Sum., 1973).

McMath, Robert C. Jr. "Southern White Farmers and the Organization of Black Farm Workers: A North Carolina Document" *Labor History* 18 n.1(Wint., 1977).

──────────. "Preface to Populism: The Origin and Economic Development of the Southern Farmers' Alliance in Kansas" *Kansas Historical Quarterly* 42(Spr., 1976).

McNall, Scott G. "State, Party, and Ideology: Populism in New Zealand the United States," *Comparative Social Research: An Annual Publication* 9(1986).

Miller, Floyd J. "Black Protest and White Leadership: A Note on the Colored Farmers' Alliance" *Phylon* 33(Sum., 1972).

Miller, Raymond C. "The Background of Populism in Kansas" *Mississippi Valley Historical Review* 11 n.4(Mar., 1925).

Miller, Worth R. "Gilded Age Development and the Populist Revolt in the Oklahoma Territory" *Texas Journal of Political Studies*(Spr.-Sum., 1987).

──────────. "Building a Progressive Coalition in Texas: The

Populist Reform Democrat Reapproachment, 1900-1907"
Journal of Southern History 52(May, 1986).

Nixon, Herman C. "The Cleavage within the Farmers' Alliance
Movement" *Mississippi Valley Historical Review* 15(June,
1928).

Nugent, Walter T. K. "Some Parameters of Populism" *Agricultural
History* 40 n.4(Oct., 1966).

─────────. "How the Populists Lost in 1894" *Kansas
Historical Quarterly* 31(Aug., 1965).

Ostler, Jeffrey. "Why the Populist Party was Strong in Kansas
and Nebraska but Weak in Iowa" *Western Historical
Quarterly* 23 n.4(Nov., 1992).

Palmer, Bruce E. "Southern Populists Remember: The Reform
Alternative to Southern Sectionalism" *Southern Studies* 17
n.2(1978).

Parker, William N. "Quantification in American Agricultural
History 1850-1910: A Re-examination" *Agricultural History*
62 n.3(1988).

Parsons, Stanley B. "The Role of Cooperatives in the Development
of the Movement culture of Populism" *Journal of American
History* 69 n.4.(Mar., 1983).

─────────. "Who were the Nebraska Populists?" *Nebraska
History* 44(July, 1963).

Perkey, Elton A. "The First Farmers' Alliance in Nebraska"

Nebraska History 57 n.2(1976).

Pickens, Donald A. "Oklahoma Populism and Historical Interpretation" Chronicles of Oklahoma 47 n.4(Wint., 1969-70).

Piehler, Harold. "Henry Vincent: Kansas Populist and Radical Reform Journalist" Kansas History 2(Spr., 1979).

Pollack, Norman. "Fear of Man: Populism, Authoritarianism, and the Histrian" Agricultural History 39(Apr., 1965).

—————. "Handlin on Anti-Semitism: A Critique of American Views of the Jew" Journal of American History 51(Dec., 1964).

—————. "The Myth of Populist Anti-Semitism" American Historical Review 68(Oct., 1962).

—————. "Hofstadter on Populism: A Critique of The Age of Reform" Journal of Southern History 26(1960).

Press, Donald E. "Kansas Conflict: Populist Versus Railroader in the 1890s" Kansas Historical Quarterly 43 n.3(1977).

Proctor, Samuel. "The National Farmers' Alliance Convention of 1890 and It's "Ocala Demands" Florida Historical Quarterly 28(Jan., 1950).

Reinhart, Cornel J. "Populist Ideology: Mirror or Prism of the Gilded Age?" North Dakota Quarterly 43 n.3(1975).

Ridge, Martin. "The Populist as a Social Critic" Minnesota History 43 n.8(1973).

Roberts, Frances. "William Manning Lowe and the Greenback Party in Alabama" *Alabama Review* 5(Spr., 1952).

Saloutos, Theodore. "The Professors and the Populists" *Agricultural History* 40 n.4(Oct., 1966).

—————. "Southern Agriculture and the Problems of Readjustment: 1865-1877" *Agricultural History* 30 n.2(Apr., 1956).

—————. "The Grange in the South, 1870-1877" *Journal of Southern History* 19(Nov., 1953).

—————. "The Agricultural Problem and Nineteenth-Century Industrialism" *Agricultural History* 22(Jul., 1948).

—————. "The Agricultural Wheel in Arkansas" *Arkansas Historical Quarterly* 2(Jun., 1943).

Saunders, Robert M. "The Transformation of Tom Watson, 1894-1895" *Georgia Historical Quarterly* 54(Fall, 1970).

—————. "Southern Populism and the Negro, 1893-1895" *Journal of Negro History* 54(July, 1969).

Schell, Herbert S. "The Grange and the Credit Problem In Dakota Territory" *Agricultural History* 10 n.2(Apr., 1936).

Schmidt, Louis B. "The Internal Grain Trade of the United States, 1860-1900" *Iowa Journal of History and Politics* 19n.2(Apr., 1921).

Scott, Roy V. "Milton George and the Farmers' Alliance Movement" *Mississippi Valley Historical Review* 45(1958).

Shannon, Fred A. "C. W. Macune and the Farmers' Alliance" *Current History* 28(June, 1955).

Shapiro, Herbert. "Pollack on Populism" *American Journal of Economics and Sociology* 27 n.3(1968).

Sheldon, Addison E. "Nebraska I have known: William V. Allen" *Nebraska History* 19(Jul.-Sep., 1938).

Soule, Sarah A. "Populism and Black Lynching in Georgia, 1890-1900" *Social Forces* 71 n.2(Dec., 1992).

Taylor, Joseph H. "Populism and Disfranchisement in Alabama" *Journal of Negro History* 34(Oct., 1949).

Thorson, Playford Q. "Ole Ellingson: A North Dakota Radical Populist" *North Dakota Quarterly* 49 n.4(1981).

Throne, Mildred. "The Grange in Iowa, 1868-1875" *Iowa Journal of History* 47(Oct., 1949).

Tontz, Robert L. "Memberships of General Farmers' Organization, United States, 1874-1960" *Agricultural History* 38 n.3(July, 1964).

Trask, David S. "Nebraska Populism and a Response to Environmental and Political Problems," in *The Great Plains: Environment and Culture*, ed. Brian W. Blouet and Frederick C. Luebke(Univ. of Nebraska Pr., 1979).

──────. "A Natural Partnership: Nebraska's Populists and Democrats and the Development of Fusion" *Nebraska History* 56 n.3(1975).

————. "A Note of the Politics of Populism" *Nebraska History* 46(June, 1965).

Turner, James. "Understanding the Populists" *Journal of American History* 67 n.2(Sep., 1980).

Tweton, Jerome D. "North Dakota in the 1890's: Its People, Politics, and Press" *North Dakota History* 24(Apr., 1957).

Wagner, Mary J. "Farms, Families, and Reform: Women in the Farmers' Alliance and Populist Party"(Ph.D. dissertation, Univ. of Oregon, 1986).

Watson, Richard L. Jr. "Furniford M. Simmons and the Politics of White Supremacy" *Race, Class, and Politics in Southern History*(Louisiana St. Univ. Pr., 1989).

Williams, Jeffrey C. "Economics and Politics: Voting Behavior in Kansas during the Populist Decade" *Explorations in Economic History* 18(July, 1981).

Wilson, Terry P. "The Demise of Populism in Oklahoma Territory" *Chronicles of Oklahoma* 43 n.3(1965).

Woodward, C. Vann. "The Populist Heritage and the Intellectual" *American Scholar* 59 n.1(Wint., 1959-60).

Woodward, Margaret L. "The Northwestern Farmer 1868-1876: A Tale of Paradox" *Agricultural History* 38 n.8(July, 1963).

Wright, James. "A Populist Ideology" *Reviews in American History* 6(Sep., 1978).

APPENDIX

1. 평원지대 상원의원과 정당(1891-1900년)

1891년 3월 4일-1893년 3월 3일(52차 의회)

州	상원의원	소 속	상원의원	소 속
캔 사 스	William A. Peffer	민중당	Bishop Perkins	공화당
네브라스카	Charles Manderson	공화당	Algernon Paddock	공화당
노스다코타	Lyman R. Casey	공화당	Henry Hansbrough	공화당
사우스다코타	Richard Pettigrew	공화당	James H. Kyle	무소속
텍 사 스	Richard Coke	민주당	Roger Q. Mills	민주당

1893년 3월 4일-1895년 3월 3일(53차 의회)

州	상원의원	소 속	상원의원	소 속
캔 사 스	William A. Peffer	민중당	John Martin	민주당
네브라스카	Charles Manderson	공화당	William V. Allen	민주당
노스다코타	Henry Hansbrough	공화당	William N. Roach	민주당
사우스다코타	Richard Pettigrew	공화당	James H. Kyle	무소속
텍 사 스	Richard Coke	민주당	Roger Q. Mills	민주당

1895년 3월 4일 - 1897년 3월 3일(54차 의회)

州	상원의원	소 속	상원의원	소 속
캔 사 스	William A. Peffer	민중당	Lucien Baker	공화당
네브라스카	William V. Allen	민주당	John M. Thurston	공화당
노스다코타	Henry Hansbrough	공화당	William N. Roach	민주당
사우스다코타	Richard Pettigrew	공화당	James H. Kyle	무소속
텍 사 스	Roger Q. Mills	민주당	Horace Chilton	민주당

1897년 3월 4일 - 1899년 3월 3일(55차 의회)

州	상원의원	소 속	상원의원	소 속
캔 사 스	Lucien Baker	공화당	William A. Harris	민중당
네브라스카	William V. Allen	민주당	John M. Thurston	공화당
노스다코타	Henry Hansbrough	공화당	William N. Roach	민주당
사우스다코타	Richard Pettigrew	공화당	James H. Kyle	무소속
텍 사 스	Roger Q. Mills	민주당	Horace Chilton	민주당

2. 평원지대 하원의원과 정당(1891-1900년)

1891년 3월 4일-1893년 3월 3일(52차 의회)

州	공화당	민주당	민중당	총수
캔사스	2	0	4	6
네브라스카	0	1	1	3
노스다코타	2	0	0	2
사우스다코타	2	0	0	2
텍사스	0	11	0	11

1893년 3월 4일-1895년 3월 3일(53차 의회)

州	공화당	민주당	민중당	총수
캔사스	3	1	5	9
네브라스카	3	2	1	6
노스다코타	1	0	0	1
사우스다코타	2	0	0	2
텍사스	0	15	0	15

1895년 3월 4일-1897년 3월 3일(54차 의회)

州	공화당	민주당	민중당	총수
캔사스	6	0	2	8
네브라스카	5	0	1	6
노스다코타	1	0	0	1
사우스다코타	2	0	0	2
텍사스	1	13	0	14

1897년 3월 4일-1899년 3월 3일(55차 의회)

州	공화당	민주당	민중당	총수
캔사스	3	2	3	8
네브라스카	2	2	2	6
노스다코타	1	0	0	1
사우스다코타	0	0	2	2
텍사스	1	12	0	13

Source: *Official Congressional Directory, 53th Congress*(Washington D.C.: Government Printing Office, 1893); *Official Congressional Directory, 54th Congress* (Washington D.C.: Government Printing Office, 1897); *Official Congressional Directory, 55th Congress*(Washington D.C.: Government Printing Office, 1898); *Biographical Directory of the United States Congress 1774-1989*(United States Government Printing Office, 1989) 참조.

3. 평원지대 주지사선거 일람표(1890-1900년)

캔 사 스

연 도	주지사	소 속	득표수	득표율
1890	L. Humphrey	공화당	115,025	39.0%
1892	L. Lewelling	민중당	162,507	50.0%
1894	E. Morrill	공화당	148,697	49.7%
1896	J. Leedy	민중당	167,941	50.7%
1898	W. Stanley	공화당	149,312	51.8%
1900	W. Stanley	공화당	181,897	51.9%

네브라스카

연 도	주지사	소 속	득표수	득표율
1890	J. Boyd	민주당	71,331	33.2%
1892	L. Crounse	공화당	78,426	39.7%
1894	S. Holcomb	민중당	97,815	47.9%
1896	S. Holcomb	민중당	116,415	53.5%
1898	W. Poynter	민중당	95,703	50.2%
1900	C. Dietrich	공화당	113,879	48.9%

노스다코타

연 도	주지사	소 속	득표수	득표율
1890	A. Burke	공화당	19,053	52.2%
1892	E. Shortridge	민중당	18,995	52.4%
1894	R. Allin	공화당	23,723	55.8%
1896	F. Briggs	공화당	25,918	55.6%
1898	F. Fancher	공화당	28,308	59.2%
1900	F. White	공화당	34,052	59.2%

사우스다코타

연 도	주지사	소 속	득표수	득표율
1890	A. Mellette	공화당	34,497	44.5%
1892	C. Sheldon	공화당	33,414	47.5%
1894	C. Sheldon	공화당	40,381	52.7%
1896	A. Lee	민중당	41,187	49.7%
1898	A. Lee	민중당	37,319	49.6%
1900	C. Herreid	공화당	53,803	56.4%

텍사스

연 도	주지사	소 속	득표수	득표율
1890	J. Hogg	민주당	262,432	76.6%
1892	J. Hogg	민주당	190,486	43.8%
1894	C. Culberson	민주당	207,167	49.0%
1896	C. Culberson	민주당	298,528	55.3%
1898	J. Sayers	민주당	291,548	71.2%
1900	J. Sayers	민주당	303,586	67.5%

Source: *American Governors and Gubernatorial Elections, 1775-1978.*
(Connecticut: Meckler Books, A Division of Microform Review Inc., 1978) 참조.

[색 인]

[인 명]

· 저자 ·

연동원 · 약 력 ·

저자는 동국대학교대학원에서 서양사 전공으로 박사학위를 받았으며,
한국영화학회와 한국영화사학회 정회원으로 소속되어 있다. 월간중앙
에 역사영화평론 연재 등, 현재 역사학자 겸 영화평론가로 활동하고
있다. 특히 인문콘텐츠학회회원으로서 영화와 역사학을 접목한 영상
문화콘텐츠에 관심을 가지고 있다.

· 주요논저 ·

영화와 역사학을 접목한 저서와 논문으로 〈영화 대 역사-영화로 본
미국의 역사〉와 "올리버 스톤의 알렉산더" 등이 있다. 성문화사와 여
성학을 접목한 저서로는 〈성의 역사-서양의 성, 결혼, 매춘, 포르노〉
와 (공저)〈성, 역사와 문화〉 등이 있다. 현재 〈포르노영화 대 역사〉
(가제), 〈성의 역사 그리고 영화〉(가제)의 출간을 앞두고 있다.

농민운동과 미국 정치
-19세기말 민중주의운동을 중심으로-

· 초판 인쇄	2006년 5월 15일
· 초판 발행	2006년 5월 15일
· 지 은 이	연동원
· 펴 낸 이	채종준
· 펴 낸 곳	한국학술정보㈜
	경기도 파주시 교하읍 문발리 526-2
	파주출판문화정보산업단지
	전화 031) 908-3181(대표) · 팩스 031) 908-3189
	홈페이지 http://www.kstudy.com
	e-mail(e-Book사업부) ebook@kstudy.com
· 등 록	제일산-115호(2000. 6. 19)
· 가 격	13,000원

ISBN 89-534-5012-8 93940 (Paper Book)
     89-534-5013-6 98940 (e-Book)